# Docentes en el exterior
## ¡al alcance de tus manos!

### Supera la fase específica con éxito

Cristiana Vasiluta Costea

No se permite la reproducción total o parcial de esta obra, ni su incorporación a un sistema informático, ni su transmisión en cualquier forma o por cualquier medio (electrónico, mecánico, fotocopia, grabación u otros) sin autorización previa y por escrito de los titulares del copyright. La infracción de dichos derechos puede constituir un delito contra la propiedad intelectual.

© Cristiana Vasiluta Costea. 2022
Primera edición: mayo de 2022

Impresión y editorial: BoD – Books on Demand
info@bod.com.es - www.bod.com.es
Impreso en Alemania – Printed in Germany"

ISBN: 978-84-11-23368-2

Título original: Docentes en el exterior ial alcance de tus manos!
Diseño, maquetación y artefinal:
Carlos Arribas [Luna Lunae, Espacio gráfico y editorial]

# Docentes en el exterior
# ¡al alcance de tus manos!

## Supera
## la fase específica
## con éxito

Cristiana Vasiluta Costea

7 | **Docentes en el exterior** ¡al alcance de tus manos!

# Índice

| | |
|---|---|
| **P. 9** | Prefacio |
| **P. 15** | Test RD 1027/1993 |
| **P. 23** | Test RD 1138/2002 |
| **P. 30** | Test LOE 2/2006 |
| **P. 41** | Test LOMLOE |
| **P. 48** | Test Real Decreto 984/2021 |
| **P. 57** | Test RD 95/2022 |
| **P. 63** | Test RD 498/2020 |
| **P. 66** | Instrucciones 24 mayo 2005 - Test |
| **P. 87** | Test Resolución ALCE 2019 y Orden EDU/3122/2010 |
| **P. 105** | Test Instrucciones 18 octubre 2010 |
| **P. 111** | Test Orden EDU/2503/2010 |
| **P. 115** | Test Acuerdo Marco 16 mayo 2005 |
| **P. 117** | Test Centros de titularidad mixta |
| **P. 120** | Test Escuelas Europeas Legislación |
| **P. 126** | Test Instituto Cervantes y Dele |
| **P. 137** | Test Orden EDU/1720/2011 |
| **P. 138** | Test RD 264/2008 |
| **P. 141** | Test RD 1137/2002 |
| **P. 143** | Test Real Decreto 102/2010 |
| **P. 146** | Test Resolución 20 de junio 2011 |
| **P. 157** | Test Resolución de 11 de julio de 2011 |
| **P. 161** | SUPUESTO PRÁCTICO |
| **P. 184** | RESPUESTAS TESTS |

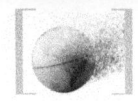

# Prefacio

La Acción educativa española en el exterior nos permite, no solo promover la lengua y cultura española más allá de nuestras fronteras sino ampliar nuestros horizontes profesionales conociendo los diferentes centros y programas; trabajando en entornos culturales multilingües o plurilingües; aplicando metodologías ELE O AICLE en entornos lingüísticos diversos; participando en proyectos y actividades de proyección de la cultura española, entre otras funciones.

Pero más allá de esta vertiente profesional hay un aspecto personal muy a tener en cuenta. Trabajar en cualquier centro o programa establecido en la acción educativa española en exterior implica estar dispuesto a vivir una experiencia personal increíble. Cambiar de país y aprender nuestras culturas e incluso nuevos idiomas son dos aspectos que no todo el mundo está dispuesto a llevar a cabo, pero si ya has decidido emprender esta aventura profesional y personal, vivirás una de las experiencias más increíbles.

Con este libro pretendemos ayudaros a superar con éxito la fase específica, aportando más de mil preguntas sobre la parte A del concurso (el cuestionario de 60 preguntas), y una guía práctica para desarrollar la parte B (el supuesto práctico).

Para el desarrollo de la parte A os ofrecemos varios test organizados según la legislación vigente del sistema educativo español y de los centros y programas de la acción educativa española en el exterior.

Para desarrollar los test hemos tenido en cuenta el Anexo IV de la Resolución de 23 de noviembre de 2021, de la Subsecretaría, por la que se convoca concurso para la provisión de puestos de personal docente en el exterior, en la cual se establecen los Aspectos de la acción educativa que podrán ser propuestos por la Comisión de Selección para la realización de la fase específica. Dichos aspectos serán los siguientes:

**1. La Acción Educativa en el Exterior:**

**1.1** Objetivos.

**1.2** Estructura orgánica del Ministerio de Educación y Formación Profesional y funciones de los órganos directivos en relación con la acción educativa en el exterior.

**1.3** Organización de las enseñanzas: acción educativa a través de los diversos programas de actuación.

**1.4** Diplomas de Español como Lengua Extranjera.

**1.5** Normativa específica para la acción educativa española en el exterior.

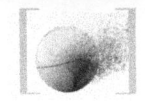

2. **Países en los que se lleva a cabo la acción educativa española en el exterior:**
    - **2.1** Características socioeducativas y culturales.
    - **2.2** Sistema educativo.
    - **2.3** Convalidaciones y homologaciones de estudios respecto a España.
    - **2.4** Presencia institucional del Ministerio de Educación y Formación Profesional en el país.

3. **Características de los Centros o Programas de la acción educativa en el exterior, en cuanto a:**
    - **3.1** Peculiaridades organizativas.
    - **3.2** Órganos de dirección, coordinación y participación.
    - **3.3** Análisis de los destinatarios de las actividades de los Centros o Programas.
    - **3.4** Actividades de proyección de los Centros o Programas.
    - **3.5** Consideraciones didácticas que se deben tener en cuenta en los Centros o Programas del exterior: Programación de las enseñanzas, Recursos didácticos, Metodología, Evaluación. El uso de metodologías específicas en los casos requeridos como el aprendizaje integrado de lenguas y contenidos o la enseñanza del español como lengua extranjera
    - **3.6** Las competencias digitales de acuerdo con el Marco común de competencia digital docente.
    - **3.7** Las herramientas digitales comunes (registro electrónico, firma electrónica, certificado digital, almacenamientos, formularios).

**3.8** Actividades interdisciplinarias, interculturales y extraescolares.

**3.9** Actividades de proyección y difusión de la cultura española.

**4. Legislación básica sobre el sistema educativo español: legislación básica y legislación específica del Ministerio de Educación y Formación Profesional:**

**4.1** Principios y fines de la educación. La organización de las enseñanzas y el aprendizaje a lo largo de la vida. Enseñanzas mínimas y currículo.

**4.2** Las enseñanzas y su ordenación. Principios pedagógicos, evaluación, promoción y titulación en su caso.

**4.3** Equidad en la educación. Compensación de las desigualdades. Escolarización.

**4.4** Profesorado según las enseñanzas. Funciones, acceso y formación.

**4.5** Centros docentes. Participación, autonomía y gobierno de los centros. La dirección en los centros. Los órganos colegiados de gobierno y los de coordinación docente.

**4.6** Documentos institucionales de los centros.

**4.7** Evaluación del sistema educativo.

Para superar con éxito la primera parte de la fase específica hemos considerado de gran ayuda organizar los test según la legislación vigente teniendo en cuenta los diferentes tipos de centros y programas.

No cabe duda que el estudio de la parte legislativa es una tarea engorrosa y que requiere una gran memoria y por ello hemos creado más de mil preguntas que os ayuden a consolidar esos conocimientos. La densidad y extensión que caracteriza las leyes, unido a los pocos conocimientos previos sobre la materia, pueden causar cierto temor a la hora enfrentarse a las 60 preguntas del cuestionario y puede convertirse en una "pesadilla" para muchos participantes en el proceso.

Por ello os recomendamos algunas técnicas para la memorización de tantos datos legislativos:

- El Sistema Mayor es una de las técnicas para memorizar más utilizadas a nivel profesional. Consiste en asignar a cada artículo de una norma legal una o varias letras consonantes y formar palabras con ellas. Esas palabras remitirán a conceptos más concretos y permitirán formar historias sencillas que podremos evocar en cualquier momento.

- El Método Dominic, que se basa en el Sistema Mayor pero utiliza las letras para formar nombres propios de personajes o de personas cercanas.

- El Método Hérigone, es una estrategia mnemónica que toma como base un código alfanumérico para facilitar la memorización de información que contenga números. La construcción de un casillero mental consiste en una tabla que contiene una lista de números y palabras, en la cual, a cada número corresponde una palabra. Su finalidad es que se puedan convertir datos numéricos, que son abstractos, en datos más concretos y tangibles.

Debemos ser conscientes que esta parte de la fase específica requiere muchas horas de estudio y memorización, pero utilizando algunas técnicas mnemotécnicas puede facilitaros el trabajo. Y si además utilizáis los test que os hemos preparado, la tarea os resultará mucho más sencilla.

En cuanto a la parte B del concurso, el supuesto práctico, hemos tenido en cuenta la contextualización al centro o programa de la acción educativa española en el exterior, la normativa legal y diversos criterios pedagógicos para un buen desarrollo de una redacción coherente, fundamentada y viable. Para desarrollar esta parte hemos considerado de gran relevancia establecer una guía que pueda facilitar la organización del contenido. Es una guía general que os permitirá adaptarla a cualquier supuesto práctico teniendo en cuenta la contextualización al centro o programa, que se define en el enunciado o que se haya elegido en primera opción dentro del concurso. Os recomendamos diseñar vuestro propio modelo de supuesto práctico teniendo en cuenta la guía publicada en el presente libro y el resultado debe ser un supuesto práctico fundamentado, coherente con el contexto del centro e innovador.

Sin más preámbulos, os invitamos a poner a prueba vuestros conocimientos sobre la legislación mediante nuestros tests y crear vuestro propio modelo de supuesto práctico.

¡OS DESEAMOS MUCHÍSIMA SUERTE!

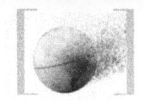

EN LOS SIGUIENTES TEST LEE ATENTAMENTE Y CONTESTA
A LAS PREGUNTAS (SOLO UNA RESPUESTA ES VÁLIDA)

## TEST - RD 1027/1993

**1.** La acción educativa española en el exterior incluirá la promoción y organización de:

**A)** La enseñanza reglada y no reglada a niveles no universitarios.

**B)** La enseñanza reglada a niveles no universitario para alumnado español y extranjero.

**C)** La enseñanza no reglada destinada al alumnado español y extranjero.

**2.** La acción educativa española en el exterior incluirá la promoción y organización de currículos mixtos de contenidos del sistema educativo español y de los propios de otros sistemas educativos.

**A)** Verdadero.

**B)** Falso.

**3.** La AEE incluirá:

**A)** La promoción y organización de programas de apoyo en el marco de sistemaseducativos extranjeros para la enseñanza de la lengua y cultura españolas.

**B)** La promoción y organización de programas del sistema educativo español.

**C)** La promoción y organización de programas de complementarios del sistemaeducativo extranjero.

**4.** La AEE incluirá:

A) Programas de apoyo para la educación universitaria.

B) Programas de apoyo para los extranjeros.

C) Programas de apoyo a los intercambios en el ámbito educativo.

**5.** Administración española prestará especial atención:

A) A la organización de enseñanzas y actividades dirigidas a residentes españoles escolarizados en niveles no universitarios de los sistemas educativos respectivos.

B) La organización de enseñanzas y actividades dirigidas a estudiantes extranjeros.

C) La organización de actividades complementarias para los estudiantes españoles escolarizados en centros extranjeros.

**6.** ¿Con qué organismo coordinará sus actuaciones el Ministerio de Educación y Formación profesional?

A) Ministerio de Interior e Instituto Cervantes.

B) Instituto Cervantes y el Ministerio de Fomento.

C) Instituto Cervantes y el Ministerio de Asuntos Exteriores.

**7.** Centros docentes de titularidad mixta, con participación del Estado español. ...

A) No forman parte de la AEE.

B) Forman parte de la AEE junto a las secciones bilingües.

C) Forman parte de la AEE junto a los centros de titularidad del Estado Español.

**8.** ¿De qué se encarga el Centro para la innovación y desarrollo de la Educación a Distancia del Ministerio de Educación y Ciencia?

**A)** Se encargará de la formación del profesorado adscrito en exteriores.

**B)** Se encargará de la promoción de enseñanzas regladas del sistema educativo español en la modalidad de educación a distancia.

**C)** Se encargará de establecer el currículo del sistema educativo español para los centros de titularidad del estado Español.

**9.** La creación de centros docentes de titularidad del Estado españolen el extranjero corresponde al Gobierno, mediante qué medidas...

**A)** Mediante Real Decreto aprobado en Consejo de Ministros, a propuesta conjunta de los Ministros de Educación y Ciencia y de Asuntos Exteriores.

**B)** Mediante Real Decreto aprobado en Consejo Escolar, a propuesta conjunta de los Ministros de Educación y Ciencia y de Asuntos Exteriores.

**C)** Mediante Real Decreto aprobado en Consejo de Ministros, a propuesta conjunta de los Ministros de Educación y Ciencia y de Ministerio de Fomento.

**10.** Los centros de titularidad del Estado españolen el extranjero ¿qué característica tienen?

**A)** Pueden impartir enseñanzas de un solo nivel o etapa del sistema educativo español.

**B)** Pueden impartir enseñanzas de varias etapas o niveles del sistema educativo español.

**C)** Pueden impartir enseñanzas sólo de niveles y etapas de Infantil y Primaria.

**11.** En cuanto a su coordinación los centros docentes en exterior están sometidos a la dependencia de ¿qué organismo?

A) El Ministerio de Educación y Formación profesional.

B) El Ministerio de Educación y Formación Profesional y del Ministerio de Asuntos Exteriores.

C) Del Jefe de la Misión Diplomática.

**12.** Las enseñanzas promovidas por la AEE deben garantizar...

A) Una enseñanza multicutlural.

B) La validez de los estudios en el sistema educativo español y en el del país correspondiente.

C) La validez de los estudios en el sistema educativo español.

**13.** ¿Quién establecerá el currículo propio de los centros españoles situados en cada país?

A) Será establecido por el Ministerio de Educación de cada país e incluirá algún aspecto de la lengua y cultura española.

B) Será establecido por el Ministerio de Educación español e incluirá aspectos de la lengua y cultura española.

C) Será establecido por el Ministerio de Educación y aportará una visión integradora de la cultura española y de la propia del país respectivo.

**14.** La oferta educativa de los centros se complementarán con actividades de proyección cultural que serán coordinadas ¿con qué organismos?

A) Con las Asesorías Técnicas de cada Embajada.

B) Con los servicios culturales de las respectivas Embajadas de España y, en su caso, con los centros del Instituto Cervantes.

C) Con el Instituto Cervantes y el Jefe de la Misión Diplomática.

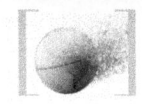

**15.** ¿De qué forma participa la Universidad Nacional de Educación a Distancia en los centros de Titularidad del Estado Español?

**A)** En la realización, de pruebas de acceso a la universidad.

**B)** En propiciar acciones de colaboración en el campo de la proyección cultural y de la investigación educativa.

**C)** Ambas respuestas son correctas.

**16.** ¿Cuáles serán los órganos de gobierno de los centros de titularidad del Estado español en el extranjero?

**A)** Los órganos unipersonales.

**B)** Los órganos colegiados y los órganos unipersonales.

**C)** El Director, Jefe de Estudios, Administrador y, en su caso, Vicedirector.

**17.** ¿Qué órganos de los centros se regirán por lo dispuesto, con carácter general, para los centros públicos en España?

**A)** Tanto los órganos de coordinación pedagógica como los órganos unipersonales.

**B)** Los órganos colegiados y los órganos de coordinación didáctica.

**C)** Los órganos de gobierno de los centros, así como los órganos de coordinación didáctica.

**18.** ¿De qué formará parte El Jefe de la Oficina Consular?

**A)** Formará parte del órgano unipersonal del centro.

**B)** Formará parte del Consejo Escolar del centro.

**C)** Formará parte del órgano de coordinación de la Misión Diplomática.

**19.** Los alumnos, tanto españoles como extranjeros, abonarán por servicios, enseñanzas y actividades de carácter complementario cuotas que serán determinadas por el Ministerio de Educación y Ciencia.

**A)** Falso.

**B)** Verdadero.

**20.** ¿Por quién serán dirigidos los centros de titularidad mixta?

**A)** Serán dirigidos por funcionarios españoles.

**B)** Serán dirigidos por personal del país correspondiente.

**C)** Ambas respuestas son correctas.

**21.** Las secciones españolas y las secciones bilingües se regirán por las normas internas de organización y funcionamiento...

**A)** Del Estado español.

**B)** De los centros de los que forman parte.

**C)** De los centros de los que forman parte y por las normas acordadas bilateralmente con las autoridades respectivas.

**22.** La acción educativa española en el exterior se podrá desarrollar a través de programas de apoyo y promoción de la enseñanza de la lengua y cultura españolas en el marco de sistemas educativos extranjeros mediante los instrumentos siguientes:

**A)** La suscripción de convenios de colaboración, cuya finalidad se oriente a la difusión del español, con todo tipo de instituciones.

**B)** Realización de actividades de formación para el profesorado extranjero.

**C)** Ambas respuestas son correctas.

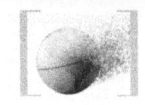

**23.** La creación de centros de recursos didácticos tendrá las siguientes funciones:

   **A)** Poner a disposición de profesores y responsables de políticas educativas libros y materiales didácticos, tanto impresos como audiovisuales.

   **B)** Organizar talleres, seminarios y grupos de trabajo sobre temas relacionados con la enseñanza del español en todas sus vertientes.

   **C)** Ambas respuestas son correctas.

**24.** ¿A quién corresponde la creación y supresión de Agrupaciones de lengua y cultura españolas?

   **A)** Al Ministerio de Educación y Formación profesional.

   **B)** Al Ministerio de Educación Y formación profesional y el Ministerio de Asuntos Exteriores.

   **C)** Al Ministerio de Educación y Formación profesional y el Jefe de la Misión Diplomñatica.

**25.** Los administradores de los centros docentes de titularidad del Estado español serán funcionarios nombrados por el Ministro de Educación y Ciencia ¿por qué período?

   **A)** Serán nombrados por un período de 5 años.

   **B)** Serán nombrados por un período de 6 años.

   **C)** Serán nombrados por un período de 3 años.

**26.** ¿Qué condiciones se deben dar por no constituirse el Consejo escolar en aquellos centros de titularidad del Estado español?

**A)** El número de alumnos de nacionalidad distinta de la española supera el 50 por 100 del número total de alumnos del centro.

**B)** El número de alumnos de nacionalidad distinta de la española supera el 30 por 100 del número total de alumnos del centro.

**C)** El número de alumnos de nacionalidad distinta de la española supera el 60 por 100 del número total de alumnos del centro.

## TEST RD 1138/2002

**1.** ¿Qué son las Consejerías de Educación?

**A)** Son órganos técnicos de las Misiones Diplomáticas de España que dependen funcionalmente del Ministerio de Educación.

**B)** Son órganos técnicos que depende del Ministerio de Asuntos Exteriores.

**C)** Son órganos de gobierno que dependen de las Misiones Diplomáticas de España y que dependen funcionalmente del Ministerio de Educación.

**2.** La creación o supresión de una Consejería de Educación se realizará por Real Decreto ¿a iniciativa de qué organismo?

**A)** A iniciativa del Ministerio de Asuntos Exteriores.

**B)** A iniciativa conjunta de los Ministros de Educación, Cultura y Deporte y de Asuntos Exteriores.

**C)** A iniciativa del Ministerio de Educación, Cultura y Deportes.

**3.** El ministro de Administraciones Públicas propone la supresión o creación de las Consejerías de Educación...

**A)** Verdadero.

**B)** Falso.

**4.** Prestar asesoramiento y asistencia técnica, informar y realizar funciones de apoyo a la jefatura y demás órganos de la Misión Diplomática en materia educativa ¿de quién es función?

**A)** Es una de las funciones del Jefe de la Misión diplomática.

**B)** Es una de las funciones de las Consejerías de Educación.

**C)** Es una de las funciones de la Secretaría General Técnica del Ministerio de Educación, Cultura y Deporte.

**5.** Entre las funciones de las Consejerías de Educación encontramos...

**A)** Reunir información sobre las políticas educativas desarrolladas en el ámbito territorial que le corresponda y transmitirla a los órganos oportunos de la Administración española y transmitirla a los órganos oportunos de la Administración española.

**B)** Organizar periódicamente actividades de formación del profesorado en el ámbito territorial de su competencia.

**C)** Ambas respuestas son correctas

**6.** En función de las necesidades del servicio y de acuerdo con la correspondiente relación de puestos de trabajo ¿qué personal puede haber en una Consejería?

**A)** Habrá obligatoriamente un agregado.

**B)** Podrá haber agregados y asesores técnicos.

**C)** Habrá siempre un asesor técnico.

**7.** ¿A quién corresponde el nombramiento y cese de los consejeros de Educación?

**A)** Al ministro de Educación, Cultura y Deporte.

**B)** Al ministro de Educación, Cultura y Deporte, oído el jefe de la Misión Diplomática.

**C)** Al ministro de Educación, Cultura y Deporte, oído el Ministerio de Asuntos Exteriores.

**8.** ¿Quién nombrará o cesará a los agregados de las Consejerías de Educación?

**A)** Serán nombrados y cesados por el Jefe de la Misión Diplomática.

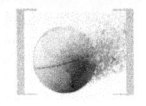

**B)** Serán nombrados y cesados por el consejero de Educación.

**C)** Serán nombrados y cesados por el ministro de Educación, Cultura y Deporte, oído el Ministerio de Asuntos Exteriores.

**9.** El Ministerio de Educación, Cultura y Deporte podrá destinar agregados a los Estados donde no haya Consejería de Educación pero ¿de quién dependerán?

**A)** Dependerán de la ministra de Educación.

**B)** Dependerán del jefe de la Misión Diplomática.

**C)** Dependerán del Consejero de Educación.

**10.** El Secretario general de la Consejería de Educación se encargará de...

**A)** la gestión económica y la coordinación de los servicios administrativos de la Consejería de Educación.

**B)** la gestión pedagógica de la Consejería de Educación.

**C)** la gestión económica y la coordinación pedagógica de la Consejería de Educación.

**11.** El nombramiento del Secretario general de la Consejería de Educación corresponde al Ministerio de Educación, Cultura y Deporte, oído ¿qué organismo?

**A)** El Ministerio de Asuntos Exteriores.

**B)** El Jefe de la Misión Diplomática española.

**C)** Ninguna de las dos respuestas es correcta.

**12.** El plazo de permanencia en el exterior del Consejero de Educación y el Secretario general será de un máximo de...

A) 5 años

B) 6 años.

C) 4 años.

**13.** Las funciones de los asesores técnicos pertenecientes a las Consejerías de Educación serán establecidas por ¿qué organismo?

A) El Ministerio de Educación y Formación Profesional.

B) El Consejero de Educación.

C) El Jefe de la Misión Diplomática.

**14.** ¿Qué requisitos deben poseer los asesores técnicos?

A) Poseer tres años, al menos, de antigüedad como funcionario de carrera en activo en el respectivo cuerpo docente.

B) Poseer cinco años, al menos, de antigüedad como funcionario de carrera en activo en el respectivo cuerpo docente.

C) Poseer cuatro años, al menos, de antigüedad como funcionario de carrera en activo en el respectivo cuerpo docente.

**15.** ¿Qué requisitos deben poseer los asesores técnicos?

A) Poseer tres años, al menos, de antigüedad como funcionario de carrera en activo en el respectivo cuerpo docente.

B) Haber prestado servicios en España durante tres cursos completos, contados desde la fecha de cese en el exterior hasta las fechas de finalización del curso escolar que se realicen las convocatorias.

C) Ambas respuestas son correctas

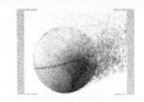

**16.** Los nombramientos de los asesores técnicos se efectuarán...

**A)** por un primer periodo de un curso escolar en régimen de comisión de servicios, prorrogable por un segundo periodo de dos cursos escolares, y por un tercer periodo de dos cursos escolares.

**B)** por un período de 5 años.

**C)** por un período de un curso escolar en régimen de comisión de servicios, prorrogable a dos cursos escolares más.

**17.** ¿Quién forma la Comisión de Evaluación para los asesores técnicos?

**A)** El Consejero de Educación, un Inspector de Educación del Departamento, un funcionario de la Subdirección general de Cooperación Internacional.

**B)** Un funcionario de la Subdirección General del Ministerio de Educación y Formación profesional.

**C)** Ambas respuestas son correctas.

**18.** A propuesta del Jefe de la Misión diplomática española respectivo, estas Comisiones podrán llevar a cabo evaluaciones extraordinarias a los asesores técnicos...

**A)** Verdadero.

**B)** Falso.

**19.** El personal docente al servicio de las acciones educativas en exterior será nombrado por...

**A)** un período de 2 años, prorrogable a dos cursos escolares más en comisión de servicio.

**B)** un período de 6 años.

**C)** Ambas respuestas son incorrectas.

**20.** Para estos funcionarios docentes la Comisión evaluadora¿ por quién estará formada?

A) Por el Consejero de Educación junto a un inspector de Educación del departamento.

B) Un Inspector de Educación del Departamento y un funcionario de la Subsecretaría.

C) Ambas respuestas son correctas

**21.** En aquellos Estados en los que no exista Consejería de Educación, dicha Comisión estará formada ¿por qué miembros?

A) Por un Inspector de Educación del Departamento y dos funcionarios de la Subsecretaría.

B) Por el Jefe de la Misión Diplomática y dos funcionarios de la Subsecretaría.

C) Por el director del centro escolar y dos funcionarios de la Subsecretaría.

**22.** Las evaluaciones extraordinarias del personal docente se llevarán a cabo a propuesta de ¿qué persona?

A) Consejero de Educación.

B) Director del centro escolar.

C) Ambas respuestas son correctas.

**23.** ¿Qué funciones tendrá el Ministerio de Educación, Cultura y Deporte?

A) Nombrará y cesará libremente a los miembros del Consejo Escolar de los centros docentes de titularidad del Estado Español.

B) Nombrará y cesará libremente a los directores de los centros escolares de titularidad del Estado Español.

C) Nombrará y cesará libremente a los directores de los centros docentes de titularidad del Estado Español, oído el Claustro y, en su caso, El Consejo Escolar.

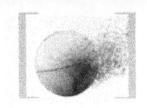

**24.** Los directores de los centros con participación del Estado español y los de las Agrupaciones de lengua y cultura españolas ¿por quién serán designados?

**A)** Serán designados libremente por el Ministerio de Educación, Cultura y Deporte.

**B)** Serán designados libremente por el Ministerio de Educación, Cultura y Deporte, oído el Claustro y, en su caso, el Consejo Escolar.

**C)** Serán designados libremente por el Ministerio de Educación, Cultura y Deporte, oído el Ministerio de Asuntos Exteriores.

**25.** ¿Qué incluirá la acción educativa española en el exterior?

**A)** La promoción y organización de programas de apoyo en el marco de sistemas educativos extranjeros para la enseñanza de la lengua y cultura españolas.

**B)** La promoción y organización de actividades complementarias para la enseñanza de la lengua española.

**C)** La promoción y organización de actividades interculturales.

**26.** La Comisión Ministerial de Informática y de las Comunicaciones estará integrada por los siguientes miembros:

**A)** Presidente: El Subsecretario de Administraciones Pública y vocales.
Vicepresidente primero: El secretario general técnico.

**B)** Presidente: El Subsecretario de Administraciones Pública y Vocales.
Vicepresidente primero: El secretario general técnico. Vicepresidente segundo: El subdirector general de Tecnologías de la Información y Comunicación.

**C)** Todas las respuestas son correctas.

## TEST LOE 2/2006

**1.** El sistema educativo español se orientará a la consecución de los siguientes fines:

    **A)** La educación en el ejercicio de la tolerancia y de la libertad dentro de los principios democráticos de convivencia.

    **B)** La adquisición de hábitos intelectuales y técnicas de trabajo, de conocimientos científicos, técnicos, humanísticos, históricos y artísticos.

    **C)** El desarrollo de la capacidad de los alumnos para regular su propio aprendizajeLas tres respuestas son correctas

**2.** La educación básica del sistema educativo español se constituirá por la

    **A)** Educación Infantil, Primaria y Educación Secundaria.

    **B)** Educación Primaria y Secundaria Obligatoria.

    **C)** Educación Primaria, Secundaria Obligatoria y Bachillerato.

**3.** La educación superior se constituirá por:

    **A)** La enseñanza universitaria, las enseñanzas artísticas superiores, la formación profesional.

    **B)** Las enseñanzas profesionales de artes plásticas y diseño de grado superior y las enseñanzas deportivas de grado superior.

    **C)** Bachillerato ensenas universitarias y formación profesional de grado superior.

    **D)** Las respuestas A y B son correctas.

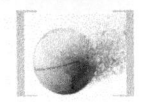

**4.** Las enseñanzas de régimen especial incluirán...

　**A)** Enseñanzas deportivas y Educación de personas adultas.

　**B)** Educación de personas adultas y enseñanzas de idiomas.

　**C)** Enseñanzas de idiomas, las enseñanzas artísticas y las deportivas.

　**D)** Enseñanzas de idiomas, las enseñanzas artísticas, las deportivas y educación de adultos.

**5.** La enseñanza básica comprende...

　**A)** seis años de escolaridad y se desarrolla, de forma regular, entre los seis y los doce años de edad.

　**B)** diez años de escolaridad y se desarrolla, de forma regular, entre los seis y los dieciséis años de edad.

　**C)** doce años de escolaridad y se desarrolla, de forma regular, entre los seis y los dieciocho años de edad.

　**D)** ocho años de escolaridad y se desarrolla, de forma regular, entre los seis y los catorce años de edad.

**6.** Según la Ley Orgánica 2/2006 de la Educación el currículo se define como el conjunto de...

　**A)** objetivos, contenidos, métodos pedagógicos y criterios de evaluación.

　**B)** objetivos, competencias básicas, contenidos y criterios de evaluación.

　**C)** objetivos, contenidos, estándares de aprendizaje y criterios de evaluación.

　**D)** objetivos, competencias básicas, contenidos, métodos pedagógicos y criterios de evaluación.

**7.** Según lo establecido en la Ley Orgánica 2/2006 de la Educación ¿cuántos cursos y ciclos comprenderá la Educación Primaria?

- **A)** Seis cursos, no organizados en ciclos.
- **B)** Seis cursos, organizados en dos ciclos de tres cursos cada uno.
- **C)** Seis cursos, organizados en tres ciclos de dos cursos cada uno.
- **D)** Seis cursos, organizados en distintos ciclos, según determine cada centro.

**8.** A las áreas incluidas en Educación Primaria (Educación física, lengua castellana y literatura y, si la hubiere, lengua cooficial y literatura, lengua extranjera, matemáticas, etc.) se añadirá la de educación para la ciudadanía y los derechos humanos, en la que se prestará especial atención a la igualdad entre hombres y mujeres. ¿en qué cursos o ciclos?

- **A)** 3º y 4º de Educación Primaria.
- **B)** 5º y 6º de Educación Primaria.
- **C)** En los dos últimos ciclos de Educación Primaria.
- **D)** En toda la etapa de educación primaria.

**9.** La permanencia en el mismo curso o ciclo, por no haber alcanzado las competencias básicas, es un medida que...

- **A)** podrá adoptarse una sola vez a lo largo de la educación primaria y con un plan específico de refuerzo o recuperación.
- **B)** podrá adoptarse dos veces a lo largo de la educación primaria y con un plan específico de refuerzo o recuperación.
- **C)** podrá adoptarse una sola vez a lo largo de la educación primaria, permitiéndose un segundo año de permanencia en el ciclo si el equipo de Orientación pedagógica así lo considera.

**D)** podrá adoptarse una sola vez a lo largo de la educación primaria, excepto para aquello alumnos que requieran un plan de refuerzo específico.

**10.** Al finalizar el segundo ciclo de la educación primaria todos los centros realizarán una evaluación de diagnóstico de las competencias básicas. ¿qué carácter tendrá esta evaluación?

**A)** Tendrá carácter formativo y orientador para los centros e informativo para las familias y para el conjunto de la comunidad educativa.

**B)** Tendrá carácter formativo y orientador para las familias e informativo para los centros.

**C)** Tendrá carácter formativo y orientador para la comunidad educativa e informativo para las familias.

**D)** Ninguna de las respuestas es correcta.

**11.** La Educación secundaria obligatoria...

**A)** comprenderá seis cursos, que se seguirán ordinariamente entre los doce y los dieciocho años de edad.

**B)** comprende cuatro cursos, que se seguirán ordinariamente entre los doce y los dieciséis años de edad.

**C)** comprende cuatro cursos, organizados en dos ciclos.

**D)** comprende cuatro cursos, organizados en dos ciclos, de dos cursos cada uno y que se seguirán ordinariamente entre los doce y los dieciséis años de edad.

**12.** Las materias de los cursos primero a tercero de la etapa de Educación Secundaria Obligatoria serán las siguientes:

**A)** Ciencias sociales, Geografía e Historia. Ciencias de la naturaleza, Matemáticas, Educación para la ciudadanía y los derechos humanos.

**B)** Ciencias sociales, Geografía e Historia. Ciencias de la naturaleza, Tecnologías, Educación para la ciudadanía y los derechos humanos.

**C)** Educación plástica y visual, Ciencias sociales, Geografía e Historia, Ciencias de la naturaleza, Tecnologías, Lengua Extranjera.

**D)** Lengua Extranjera, Ciencias de la naturaleza, Tecnologías, Educación para la ciudadanía y los derechos humanos.

**13.** En la definición de las enseñanzas mínimas de la etapa se incluirán las condiciones básicas para establecer las diversificaciones del currículo. ¿desde qué curso?

**A)** Desde segundo curso de educación secundaria obligatoria.

**B)** Desde primer curso de educación secundaria obligatoria.

**C)** Desde tercer curso de educación secundaria obligatoria.

**D)** En toda la etapa.

**14.** Los alumnos promocionarán de curso cuando hayan superado los objetivos de las materias cursadas o tengan evaluación negativa en dos materias y repetirán curso cuando tengan evaluación negativa en ¿cuántas materias?

**A)** Sólo dos materias si son las obligatorias o troncales (Lengua Castellana y Matemáticas).

**B)** Dos materias troncales (Ciencias de la naturaleza. Educación física, Ciencias sociales, Geografía e Historia.

**C)** Lengua castellana y literatura y, si la hubiere, lengua cooficial y literatura, Lengua extranjera, Matemáticas. Educación plástica y visual, Música, Tecnologías.

**D)** Tres materias troncales u obligatorias y tres o más materias.

**15.** ¿La evaluación de diagnóstico de las competencias básicas alcanzadas por sus alumnos en Educación Secundaria Obligatoria se llevará a cabo en qué curso?

A) Al finalizar el segundo curso de la educación secundaria obligatoria, salvo casos excepcionales que se podrá desarrollar en el tercer curso.

B) Al finalizar el tercer curso de la educación secundaria obligatoria.

C) Al finalizar el cuarto curso de la educación secundaria obligatoria.

D) Al finalizar el segundo curso de la educación secundaria obligatoria.

**16.** Los programas de cualificación profesional inicial incluirán diversos tipos de módulos:

A) Módulos específicos, módulos formativos de carácter general, módulos de carácter voluntario para los alumnos.

B) Módulos formativos de carácter general y módulos de carácter voluntario para los alumnos.

C) Módulos específicos y módulos formativos de carácter general.

D) Módulos formativos de carácter general y módulos de régimen especial.

**17.** Las modalidades del bachillerato serán las siguientes:

A) Artes, Ciencias y Humanidades.

B) Artes, Ciencias y Tecnología, Humanidades y Ciencias Sociales.

C) Ciencias y Tecnología, Humanidades y Ciencias Sociales.

D) Artes, Ciencias y Tecnología, Humanidades.

**18.** El bachillerato se organizará ¿en qué tipos de materias?

**A)** En materias comunes, en materias de modalidad y en materias optativas.

**B)** En materias troncales, en materias de modalidad y en materias optativas.

**C)** En materias comunes, en materias de obligatorias y en materias optativas.

**D)** En materias comunes, en materias de modalidad y en materias de libre configuración.

**19.** Entre las funciones del profesorado encontramos:

**A)** La orientación educativa, académica y profesional de los alumnos.

**B)** La promoción, organización y participación en las actividades complementarias.

**C)** La investigación, la experimentación y la mejora continua de los procesos de enseñanza correspondiente.

**D)** Las tres respuestas son correctas.

**20.** ¿Para qué disponen los centros de autonomía?

**A)** Para elaborar, aprobar y ejecutar un proyecto educativo y un proyecto de gestión, así como las normas de organización y funcionamiento del centro.

**B)** Para elaborar, aprobar y ejecutar un proyecto curricular y un proyecto de gestión, así como las normas de organización y funcionamiento del centro.

**C)** Para elaborar, aprobar y ejecutar el Plan general anual, así como las normas de organización y funcionamiento del centro.

**D)** Para elaborar, aprobar y ejecutar una memoria anual, así como las normas deorganización y funcionamiento del centro.

**21.** Los centros educativos elaborarán al principio de cada curso una programación general anual que recoja todos los aspectos relativos...

   **A)** a la gestión pedagógica y económica.

   **B)** a la organización y funcionamiento del centro, incluidos los proyectos, el currículo, las normas, y todos los planes de actuación acordados.

   **C)** las normas de funcionamiento, las actividades complementarias y todos los planes de actuación acordados y aprobados.

   **D)** al proyecto educativo y curricular del centro.

**22.** El Consejo Escolar de los centros públicos estará compuesto por los siguientes miembros:

   **A)** El director del centro, que será su presidente; el jefe de estudios; un concejal o representante del Ayuntamiento; un número de profesores, elegidos por el Claustro, que no podrá ser inferior a un tercio del total de los componentes del Consejo; un número de padres y de alumnos; un representante del personal de administración y servicios del centro.

   **B)** El director del centro, que será su presidente. el jefe de estudios., un número de profesores, elegidos por el Claustro, que no podrá ser inferior a un tercio del total de los componentes del Consejo; un número de padres y de alumnos; un representante del personal de administración y servicios del centro; el secretariodel centro, que actuará como secretario del Consejo, con voz y sin voto.

   **C)** El director del centro, que será su presidente; el jefe de estudios; un concejal o representante del Ayuntamiento; un número de padres y de alumnos; un representante del personal de administración y servicios del centro; el secretariodel centro, que actuará como secretario del Consejo, con voz y sin voto.

**D)** El director del centro, que será su presidente., el jefe de estudios., un concejal o representante del Ayuntamiento, un número de profesores, elegidos por el Claustro, que no podrá ser inferior a un tercio del total de los componentes del Consejo; un número de padres y de alumnos; un representante del personal de administración y servicios del centro; el secretario del centro, que actuará como secretario del Consejo, con voz y sin voto.

**23.** ¿Qué tipo de órgano es el equipo directivo?

**A)** Órgano colegiado de gobierno.

**B)** Órgano de gestión.

**C)** Órgano unipersonal.

**D)** Órgano ejecutivo de gobierno.

**24.** La evaluación del sistema educativo tendrá como finalidad:

**A)** Ofrecer información sobre el grado de cumplimiento de los objetivos de mejora.

**B)** Orientar las políticas educativas.

**C)** Aumentar la transparencia y eficacia del sistema educativo.

**D)** Todas las respuestas son correctas.

**25.** La evaluación del sistema educativo...

**A)** se realizará por todos los órganos de gobierno y colegiados del centro.

**B)** se realizará por el Instituto de Evaluación.

**C)** se realizará por la inspección Educativa.

**D)** se realizará por el Instituto Nacional de Estadística y Calidad del Sistema Educativo.

**26.** Las funciones de la inspección educativa son las siguientes:

**A)** Supervisar y controlar, desde el punto de vista pedagógico y organizativo, el funcionamiento de los centros.

**B)** Supervisar y evaluar, desde el punto de vista pedagógico y organizativo, el funcionamiento de los centros.

**C)** Supervisar y controlar, desde el punto de vista de gestión económica, el funcionamiento de los centros.

**D)** Controlar y evaluar, desde el punto de vista pedagógico y organizativo, el funcionamiento de los centros.

**27.** Según la presente ley, el número máximo de alumnos por aula será...

**A)** de 20 para la educación primaria y de 30 para la educación secundaria obligatoria.

**B)** de 25 para la educación primaria y de 30 para la educación secundaria obligatoria.

**C)** de 30 para la educación primaria y de 25 para la educación secundaria obligatoria.

**D)** de 25 para la educación primaria y de 25 para la educación secundaria obligatoria.

**28.** ¿A quién corresponde las medidas de apoyo al profesorado?

**A)** A los órganos de gobierno de los centros.

**B)** A la Inspección educativa.

**C)** A las Administraciones educativas.

**D)** A los equipos directivos.

**29.** ¿Cuántos días lectivos comprenderá como mínimo el calendario escolar, que fijarán anualmente las Administraciones educativas?

A) 170 días lectivos.

B) 180 días lectivos.

C) 175 días lectivos.

D) 185 días lectivos.

**30.** La presente ley deroga las siguientes leyes estatales...

A) Ley Orgánica 1/1990, de 3 de octubre, de Ordenación General del Sistema Educativo.

B) Ley Orgánica 8/1995, de 20 de noviembre, de Participación, Evaluación y Gobierno.

C) Ley Orgánica 8/1985, de 3 de julio, reguladora del Derecho a la Educación.

D) Ley Orgánica 3/2020, de 29 de diciembre, por la que se modifica la Ley Orgánica2/2006, de 3 de mayo, de Educación.

## TEST LOMLOE

**1.** Ley Orgánica 3/2020, de 29 de diciembre, modifica la siguiente ley educativa...

   **A)** Ley Orgánica 2/2006, de 3 de mayo, de Educación.

   **B)** Ley Orgánica 8/2013, de 9 de diciembre, para la mejora de la calidad educativa.

   **C)** Ley Orgánica 8/1985, de 3 de julio, reguladora del Derecho a la Educación.

**2.** La nueva ley establece cinco nuevos enfoques, entre los cuales encontramos derechos de la infancia, enfoque de igualdad de género, enfoque para el desarrollo sostenible y para la ciudadanía mundial, enfoque transversal y el enfoque para el desarrollo de la competencia lingüística.

   **A)** Verdadero.

   **B)** Falso.

**3.** ¿Qué se entiende por el sistema educativo español según la nueva legislación?

   **A)** El conjunto de Administraciones educativas y profesionales de la educación del sistema público.

   **B)** El conjunto de Administraciones educativas y profesionales de la educación del sistema público y privado.

   **C)** El conjunto de Administraciones educativas y profesionales de la educación y agentes, públicos y privados, que desarrollan funciones de regulación, de financiación o de prestación de servicios para el ejercicio del derecho a la educación.

**4.** Según la LOMLOE, la educación básica comprende...

**A)** La educación infantil, educación primaria, la educación secundaria obligatoria y los ciclos formativos de grado básico.

**B)** La educación primaria, la educación secundaria obligatoria y los ciclos formativos de grado básico.

**C)** La educación primaria, y la educación secundaria obligatoria.

**5.** La educación secundaria postobligatoria se constituye de:

**A)** el bachillerato y la formación profesional de grado medio.

**B)** enseñanzas artísticas profesionales tanto de música y de danza como de artes, plásticas y diseño de grado medio y las enseñanzas deportivas de grado medio.

**C)** el bachillerato, la formación profesional de grado medio, enseñanzas artísticas profesionales tanto de música y de danza como de artes, plásticas y diseño de grado medio y las enseñanzas deportivas de grado medio.

**6.** La enseñanza básica persigue un doble objetivo ¿cuáles son?

**A)** De desarrollo de todas las competencias y desarrollo integral de la persona.

**B)** De formación personal y de socialización.

**C)** De desarrollo de las siete competencias establecidas en la presente ley.

**7.** A los efectos de lo dispuesto en esta Ley, se entiende por currículo el conjunto de…

**A)** objetivos, competencias, contenidos, métodos pedagógicos y criterios de evaluación de cada una de las enseñanzas reguladas en la presente Ley.

**B)** objetivos, contenidos, métodos pedagógicos y criterios de evaluación de cada una de las enseñanzas reguladas en la presente Ley.

**C)** objetivos, competencias, contenidos y criterios de evaluación de cada una de lasenseñanzas reguladas en la presente Ley.

**8.** En el caso de las enseñanzas de formación profesional se considerarán parte del currículo…

**A)** los estándares de aprendizaje.

**B)** los resultados de aprendizaje.

**C)** los criterios de evaluación del aprendizaje.

**9.** ¿A quién corresponde la fijación de las enseñanzas mínimas?

**A)** A las Administraciones públicas.

**B)** Al Ministerio de Educación y Formación profesional .

**C)** Al Gobierno.

**10.** El área de Educación en Valores cívicos y éticos se añadirá en alguno de lo curso de ¿qué ciclo?

**A)** Primer ciclo.

**B)** Segundo ciclo.

**C)** Tercer ciclo.

**11.** La igualdad de género, la educación para la paz, la educación para el consumo responsable y el desarrollo sostenible y la educación para la salud, incluida la afectivo- sexual...

   **A)** se trabajarán de forma específica en el área de Educación en Valores cívicos y éticos.

   **B)** se trabajarán en todas las áreas.

   **C)** se trabajan dentro de las competencias.

**12.** ¿Para qué tipo de alumnado se establecerán medidas de flexibilización y alternativas metodológicas en la enseñanza y evaluación de la lengua extranjera?

   **A)** Para el alumnado con necesidades educativas especiales.

   **B)** Para el alumnado con necesidad específica de apoyo educativo.

   **C)** Para todo el alumnado que presente dificultades en la comprensión de la lengua extranjera.

**13.** Al finalizar cada uno de los ciclos, el tutor o tutora emitirá un informe sobre el grado de adquisición de las competencias de cada alumno o alumna, indicando en su caso las medidas de refuerzo.

   **A)** Verdadero.

   **B)** Falso.

**14.** En cuanto a la atención a las diferencias individuales en la etapa de educación primaria se podrá especial énfasis en...

   **A)** una evaluación continua que permita establecer medidas de refuerzo.

   **B)** un plan de refuerzo educativo establecido a nivel de centro.

   **C)** la realización de diagnósticos precoces y en el establecimiento de mecanismos de apoyo y refuerzo para evitar la repetición escolar.

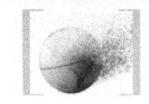

**15.** La evaluación de diagnóstico establecida para el cuarto curso de educación primaria en todos los centros ¿qué tipo de carácter tendrá?

   **A)** Carácter informativo, formativo y orientador para los centros y para toda lacomunidad educativa.

   **B)** Carácter informativo para las familias y formativo y orientador para los centros.

   **C)** Carácter formativo para las familias e informativo y orientador para los centros.

**16.** En Educación Secundaria se tendrán que trabajar varios aspectos en todas las áreas ¿de qué aspectos se trata?

   **A)** El emprendimiento social y empresarial, el fomento del espíritu crítico y científico.

   **B)** La igualdad de género y la creatividad.

   **C)** Ambas respuestas son correctas.

**17.** ¿A qué se debe dedicar un tiempo del horario lectivo en la ESO para fomentar la integración de las competencias trabajadas?

   **A)** A la lectura diaria.

   **B)** A la realización de proyectos.

   **C)** A temas transversales.

**18.** ¿A qué están orientados los programas de diversificación curricular?

   **A)** A establecer medidas de refuerzo para todo el alumnado.

   **B)** A la consecución del título de Graduado en Educación Secundaria Obligatoria, por parte de quienes presenten dificultades relevantes de aprendizaje.

   **C)** A establecer medidas de refuerzo para el alumnado de 3º de la ESO.

**19.** Los ciclos formativos de grado básico facilitarán la adquisición de las competencias de educación secundaria obligatoria a través de enseñanzas organizadas en los siguientes ámbitos:

**A)** Ámbito de Comunicación y Ciencias Sociales, ámbito de Ciencias Aplicadas y ámbito Profesional.

**B)** Ámbito de Humanidades y Ciencias Sociales, ámbito de Ciencias Aplicadas y Ámbito Profesional.

**C)** Ámbito de Comunicación y Ciencias Sociales, ámbito de Matemáticas Aplicadas y ámbito Profesional.

**20.** El proyecto educativo del centro incluirá...

**A)** Un plan de actividades complementarias y extraescolares.

**B)** La visión y misión del centro.

**C)** El tratamiento transversal de la educación en valores, del desarrollo sostenible, de la igualdad entre hombres y mujeres y de la prevención de la violencia de género.

**21.** ¿Qué competencias tendrá el Consejo Escolar del centro?

**A)** Aprobar y evaluar la programación general anual del centro, sin perjuicio de las competencias del Claustro del profesorado.

**B)** Aprobar y proponer criterios para la evaluación de la programación general anual del centro, sin perjuicio de las competencias del Claustro del profesorado.

**C)** Aprobar y proponer medidas para la realización de la programación general anual del centro, sin perjuicio de las competencias del Claustro del profesorado.

**22.** Ejercer la dirección pedagógica, promover la innovación educativa e impulsar planes para la consecución de los fines del proyecto educativo del centro, es una de las funciones ¿de qué miembro del equipo directivo?

A) Vicedirector.

B) Director.

C) Jefe de estudios.

**23.** La evaluación del sistema educativo se extenderá ¿a qué ámbitos?

A) A la inspección y a las propias Administraciones educativas.

B) A la función directiva y al funcionamiento de los centros educativos.

C) Ambas respuestas son correctas.

**24.** Las evaluaciones de diagnóstico se realizarán...

A) en tercero de Educación Primaria y segundo de Educación secundaria obligatoria.

B) en cuarto de Educación Primaria y segundo de Educación secundaria obligatoria.

C) en cuarto de Educación Primaria y tercero de Educación secundaria obligatoria.

**25.** ¿De quién es competencia la supervisión de los libros de texto y otros materiales curriculares?

A) Del Claustro de profesores.

B) De los Equipos de profesores y la Comisión de Coordinación Pedagógica.

C) De las administraciones educativas y constituirá parte del proceso ordinario deinspección.

## TEST Real Decreto 984/2021

**1.** ¿Qué se regula en el presente RD 984/2021?

    **A)** Se regula la evaluación y la promoción en la Educación Primaria.

    **B)** Se regula la evaluación y la promoción en la Educación Primaria, así como la evaluación, la promoción y la titulación en la Educación Secundaria Obligatoria, el Bachillerato y la Formación Profesional.

    **C)** Se regula la evaluación, la promoción y la titulación en la Educación SecundariaObligatoria, el Bachillerato y la Formación Profesional.

**2.** ¿A qué principios atiende el presente Real Decreto?

    **A)** De necesidad y eficacia, de buena regulación, de proporcionalidad, de seguridad jurídica y eficiencia y de transparencia.

    **B)** De necesidad y eficacia, de seguridad jurídica y eficiencia y de transparencia.

    **C)** De necesidad y eficacia, de buena regulación, de seguridad jurídica y eficiencia y detransparencia.

**3.** ¿Según el presente Real Decreto a qué tiene derecho el alumno?

    **A)** A una evaluación equitativa y personalizada.

    **B)** A una evaluación objetiva.

    **C)** A una evaluación individualizada.

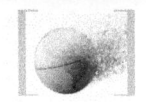

**4.** ¿Quién podrá elaborar programas de refuerzo o de enriquecimiento curricular que permitan mejorar el nivel competencial del alumnado?

> **A)** Las Administraciones educativa.
>
> **B)** Las Consejerías de Educación de cada Comunidad Autónoma.
>
> **C)** Los centros docentes, conforme a las orientaciones de las Administraciones educativas.

**5.** ¿En qué cursos de la Educación primaria se adoptarán las decisiones sobre la promoción?

> **A)** En segundo, cuarto y sexto.
>
> **B)** En cualquier de los cursos, si el equipo docente así lo considera.
>
> **C)** En primero, tercero y quinto.

**6.** Los tutores de segundo y cuarto emitirán al finalizar el curso...

> **A)** Un boletín de notas donde se especifiquen los objetivos alcanzados.
>
> **B)** Informe sobre el grado de adquisición de las competencias de cada alumno o alumna, indicando en su caso las medidas de refuerzo que se deben contemplar en el ciclo siguiente.
>
> **C)** Informe sobre el grado de adquisición de los estándares de aprendizaje de cada alumno o alumna, indicando en su caso las medidas de refuerzo que se deben contemplar en el ciclo siguiente.

**7.** ¿Cómo será la evaluación del proceso de aprendizaje del alumnado de Educación Secundaria Obligatoria?

**A)** Será continua y global.

**B)** Será continua, global y formadora.

**C)** Será continua, formativa e integradora.

**8.** En la Educación secundaria obligatoria ¿a qué deben atender las decisiones sobre la promoción del alumnado de un curso a otro?

**A)** A la consecución de los objetivos, al grado de adquisición de las competencias establecidas y a la valoración de las medidas que favorezcan el progreso del alumno o la alumna.

**B)** A la consecución de los estándares de aprendizaje, al grado de adquisición de las competencias establecidas y a la valoración de las medidas que favorezcan el progreso del alumno o la alumna.

**C)** A la consecución de los objetivos y a la valoración de las medidas que favorezcan el progreso del alumno o la alumna.

**9.** Relativo a la permanencia en el mismo curso durante la enseñanza secundaria obligatoria el alumno...

**A)** podrá permanecer en el mismo curso una sola vez y dos veces como máximo a lo largo de la enseñanza obligatoria.

**B)** podrá permanecer en el mismo curso una sola vez y dos veces como máximo a lo largo de la enseñanza obligatoria y en casos excepcionales podrá permanecer un año más en cuarto de la ESO.

**C)** podrá permanecer en el mismo curso una sola vez a lo largo de la enseñanza secundaria obligatoria.

**10.** ¿Qué es un consejo orientador y cuándo se entrega?

   **A)** Es el informe sobre el grado de logro de los objetivos y de adquisición de las competencias correspondientes, así como una propuesta a padres, madres o tutores legales o, en su caso, al alumno o alumna de la opción que se considera más adecuada para continuar su formación y se entrega al finalizar segundo de la ESO.

   **B)** Es el informe sobre el grado de adquisición de las competencias correspondientes, así como una propuesta a padres, madres o tutores legales o, en su caso, al alumno o alumna de la opción que se considera más adecuada para continuar su formación y se entrega al finalizar segundo de la ESO.

   **C)** Es el informe sobre el grado de logro de los objetivos y de adquisición de las competencias correspondientes, así como una propuesta a padres, madres o tutores legales o, en su caso, al alumno o alumna de la opción que se considera más adecuada para continuar su formación y se entrega al finalizar tercero de la ESO.

**11.** Los equipos docentes podrán proponer que, en 2022-2023, se incorporen al primer curso...

   **A)** Medidas de atención a la diversidad individualizados.

   **B)** Medidas de flexibilización curricular.

   **C)** Programa de diversificación curricular.

**12.** La incorporación a estos programas requerirá, además de la evaluación académica, un informe de idoneidad de la medida en los términos que establezcan las Administraciones educativas, y se realizará una vez oído el propio alumno o alumna, y contando con...

   **A)** El acuerdo de la totalidad de los profesores que forman el equipo docente.

   **B)** La decisión conjunta del equipo docente y el equipo de orientación.

C) La conformidad de sus madres, padres, o tutores legales.

**13.** ¿Qué condiciones se deben dar para que el equipo docente pueda proponer que, en 2022-2023, se incorporen al primer curso de un programa de mejora de aprendizaje y del rendimiento de los alumnos y alumnas?

A) Que finalicen el primer curso de Educación Secundaria Obligatoria en el curso 2021-2022 y que, habiendo repetido alguna vez con anterioridad, no estén en condiciones de promocionar a segundo.

B) Que finalicen el primer curso de Educación Secundaria Obligatoria en el curso 2021-2022 y no estén en condiciones de promocionar a segundo.

C) Que finalicen el segundo curso de Educación Secundaria Obligatoria en el curso 2021-2022 y que, habiendo repetido alguna vez con anterioridad, no estén en condiciones de promocionar a tercero.

**14.** Para incorporarse al primer curso de un Ciclo Formativo de Grado Básico los alumnos cuyo perfil académico y vocacional lo aconseje, siempre deben cumplir los siguientes requisitos:

A) Que tengan cumplidos quince años, o los cumplan durante el año natural en curso.

B) Que hayan cursado el tercer curso de Educación Secundaria Obligatoria o excepcionalmente, haber cursado el segundo curso.

C) Ambas respuestas con correctas.

**15.** ¿Qué características tendrá el título de Graduado en Educación Secundaria Obligatoria?

A) Será único y se expedirá con calificación numérica.

B) Será único y se expedirá sin calificación.

C) Será único y se expedirá con informe cualitativo.

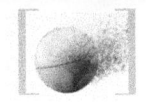

**16.** ¿A qué conduce la superación de la totalidad de los módulos incluidos en un ciclo de Formación Profesional Básica?

A) A la obtención de del título de Graduado en Educación Secundaria Obligatoria.

B) A la obtención del título de Técnico.

C) Ninguna respuesta es correcta.

**17.** ¿Cómo será la evaluación del aprendizaje del alumnado en Bachillerato?

A) Continua y global.

B) Continua y diferenciada.

C) Será continua, formativa e integradora.

**18.** Los alumnos y las alumnas promocionarán de primero a segundo de Bachillerato cuando hayan superado las materias cursadas o tengan evaluación negativa ¿en cuántas materias?

A) En dos materias como máximo.

B) En tres materias como máximo.

C) En dos materias como máximo, salvo que sean asignaturas troncales.

**19.** Excepcionalmente, el equipo docente podrá decidir la obtención del título de Bachiller por un alumno o alumna que haya superado todas las materias salvo una, siempre que se cumplan además todas las condiciones siguientes:

A) Que la media aritmética de las calificaciones obtenidas en todas las materias de la etapa sea igual o superior a cinco.

B) Que el alumno o la alumna se haya presentado a las pruebas y realizado las actividades necesarias para su evaluación, incluidas las de la convocatoria extraordinaria.

C) Ambas respuestas son correctas.

**20.** ¿Qué materias debe aprobar el alumnado que tenga el título de Técnico o Técnica en Formación Profesional o en Artes Plásticas y Diseño podrá obtener el título de Bachiller?

**A)** Filosofía, Lengua Castellana y Literatura I y II y, en su caso, Lengua Cooficial y Literatura I y II y Primera Lengua Extranjera I y II.

**B)** Filosofía, Historia de España, Lengua Castellana y Literatura I y II y, en su caso, Lengua Cooficial y Literatura I y II y Primera Lengua Extranjera I y II.

**C)** Filosofía, Historia de España, Lengua Castellana y Literatura I y II y, en su caso, Lengua Cooficial y Literatura I y II.

**21.** La nota que figurará en el título de Bachiller de este alumnado se deducirá de la siguiente ponderación:

**A)** El 60 % de la media de las calificaciones obtenidas en las materias cursadas en Bachillerato y el 40 % de la nota media obtenida en las enseñanzas mediante las que se accede a la obtención del título, calculada conforme a lo establecido en los respectivos reales decretos de ordenación de las mismas.

**B)** El 40 % de la media de las calificaciones obtenidas en las materias cursadas en Bachillerato y el 60 % de la nota media obtenida en las enseñanzas mediante las que se accede a la obtención del título, calculada conforme a lo establecido en los respectivos reales decretos de ordenación de las mismas.

**C)** El 70 % de la media de las calificaciones obtenidas en las materias cursadas en Bachillerato y el 30 % de la nota media obtenida en las enseñanzas mediante las que se accede a la obtención del título, calculada conforme a lo establecido en los respectivos reales decretos de ordenación de las mismas.

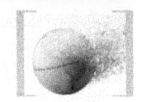

**22.** ¿Qué se requerirá para la superación de un ciclo formativo de grado medio, grado superior o curso de especialización?

   **A)** La evaluación positiva en todos los módulos profesionales que lo componen, permitiéndose la evaluación negativa en uno de los módulos.

   **B)** La evaluación positiva el 70% de los módulos profesionales que lo componen.

   **C)** La evaluación positiva en todos los módulos profesionales que lo componen.

**23.** ¿Qué edad deben tener las personas para la obtención de los títulos de Graduado en Educación Secundaria Obligatoria mediante las pruebas libres?

   **A)** Deben ser mayores de 27 años.

   **B)** Deben ser mayores de 18 años.

   **C)** Cualquier persona se puede presentar a dichas pruebas.

**24.** El alumnado en posesión de un título Profesional de Música o de Danza que en el curso 2020-2021 hubiera cursado primer curso de Bachillerato por una modalidad diferente a Artes y hubiera superado al menos la materia de primer curso correspondiente a dicha modalidad conforme a lo establecido en el artículo 22.2 de este real decreto, podrá obtener el título de Bachiller si...

   **A)** Supera el 60% de las restantes materias que, según el citado artículo, correspondan a la modalidad elegida

   **B)** Supera las restantes materias que, según el citado artículo, correspondan a la modalidad elegida

   **C)** Supera las restantes materias que, según el citado artículo, correspondan a la modalidad elegida, permitiéndose la evaluación negativa en una de esas materias.

**25.** ¿A qué se debe ajustar los documentos oficiales de evaluación, así como el procedimiento de expresión de los resultados de evaluación, hasta la implantación de las modificaciones introducidas por la Ley Orgánica 3/2020, de 29 de diciembre, en el currículo, la organización y los objetivos de las enseñanzas objeto de este real decreto?

**A)** A la disposición adicional cuarta del Real Decreto 126/2014, de 28 de febrero, y a la disposición adicional sexta del Real Decreto 1105/2014, de 26 de diciembre.

**B)** A la disposición adicional tercera del Real Decreto 126/2014, de 28 de febrero, y a la disposición adicional sexta del Real Decreto 1105/2014, de 26 de diciembre.

**C)** A la disposición adicional cuarta del Real Decreto 126/2014, de 28 de febrero, y a la disposición adicional cuarta del Real Decreto 1105/2014, de 26 de diciembre.

## TEST RD 95/2022

**1.** ¿Qué establece el Real Decreto 95/2022, de 1 de febrero?

**A)** Establece los objetivos y las enseñanzas mínimas de la Educación Infantil.

**B)** Establece la ordenación y las enseñanzas mínimas de la Educación Infantil.

**C)** Establece las enseñanzas mínimas y el funcionamiento de la Educación Infantil.

**2.** ¿En qué principios se basa la nueva normativa educativa?

**A)** El cumplimiento efectivo de los derechos de la infancia, la inclusión educativa y la aplicación de los principios del Diseño Universal para el Aprendizaje.

**B)** La convivencia, la inclusión educativa y la aplicación de los principios del Diseño Universal para el Aprendizaje.

**C)** La igualdad entre personas, la inclusión educativa y la aplicación de los principios del Diseño Universal para el Aprendizaje.

**3.** ¿Qué se definen según el presente real decreto?

**A)** Las competencias claves y competencias específicas.

**B)** Las competencias básicas y estándares de aprendizaje.

**C)** Las situaciones de aprendizaje y estándares de aprendizaje.

**4.** ¿Qué se define como "los conocimientos, destrezas y actitudes que constituyen los contenidos propios de un área"?

　A) Las competencias claves.

　B) Las competencias específicas.

　C) Los saberes básicos.

**5.** Los objetivos son logros que se espera que el alumnado haya alcanzado al finalizar la etapa y cuya consecución está vinculada a la adquisición de...

　A) saberes básicos.

　B) competencias claves.

　C) competencias específicas.

**6.** La etapa de Educación Infantil en el marco del sistema educativo se ordena¿ en cuántos ciclos?

　A) En un único ciclo, comprendido desde el nacimiento a los seis años.

　B) En dos ciclos: el primero comprende hasta los tres años y el segundo, desde los tres a los seis años de edad.

　C) En dos ciclos: el primero comprende hasta los cuatro años y el segundo, desde los cuatro a los seis años de edad.

**7.** Con el objetivo de garantizar los principios de equidad e inclusión, las medidas organizativas, metodológicas y curriculares que se adopten se regirán por los principios de...

　A) Diseño Universal para el Aprendizaje.

　B) Derechos Fundamentales de los niños.

　C) Recomendación del Consejo de la Unión Europea de 22 de mayo de 2018.

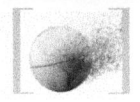

**8.** ¿Qué encontramos entre los principios pedagógicos de esta Etapa?

**A)** La educación en valores, la gestión emocional y las manifestaciones de la comunicación y del lenguaje.

**B)** La educación para el consumo responsable y sostenible y la promoción y educación para la salud.

**C)** Ambas respuestas son correctas.

**9.** ¿Cuáles son las áreas de Educación Infantil?

**A)** Crecimiento en armonía y descubrimiento y exploración del entorno físico y social.

**B)** Crecimiento en armonía y descubrimiento y exploración del entorno y comunicación y representación de la Realidad.

**C)** Crecimiento en armonía y descubrimiento y exploración del entorno y Conocimiento de si mismo y de los demás.

**10.** ¿Cuáles son las competencias claves?

**A)** Competencia en comunicación lingüística,, competencia plurilingüe, competencia matemática y competencia en ciencia, tecnología e ingeniería, competencia digital, competencia personal, social y de aprender a aprender, competencia ciudadana, competencia emprendedora, competencia en conciencia y expresión culturales.

**B)** Competencia en comunicación lingüística,, competencia matemática y competencia en ciencia, tecnología e ingeniería, competencia digital, competencia personal, social y de aprender a aprender, competencia ciudadana, competencia emprendedora, competencia en conciencia y expresión culturales.

**C)** Competencia en comunicación lingüística, competencia plurilingüe, competencia matemática y competencia en ciencia, tecnología e ingeniería, competencia personal, social y de aprender a aprender, competencia ciudadana, competencia emprendedora, competencia en conciencia y expresión culturales.

**11. Los criterios de evaluación se basan ¿en qué competencias?**

**A)** Las comptenencias específicas.

**B)** Las competencias claves.

**C)** Ninguna de las respuestas anteriores porque se basan solo en los saberes básicos.

**12. ¿Qué características deben tener las situaciones de aprendizaje definidas en el presente real decreto?**

**A)** Deben ser situaciones que impliquen la integración de varios contenidos.

**B)** Deben plantear un reto o problema de cierta complejidad en función de la edad y el desarrollo del niño o la niña.

**C)** Deben fomentar las competencias claves mediante la tecnología y proyectos.

**13. Para que los niños y las niñas construyan y enriquezcan su identidad, se fomenta en esta etapa la expresión creativa de ideas, sentimientos y emociones a través de diversos lenguajes y distintas formas artísticas ¿qué competencia desarrolla?**

**A)** Competencia personal, social y de aprender a aprender.

**B)** Competencia ciudadana.

**C)** Competencia en conciencia y expresión culturales.

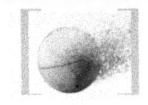

**14.** La Educación Infantil es una etapa en la que se estimulan la curiosidad, la iniciativa, la imaginación y la disposición a indagar y a crear mediante el juego, las actividades dirigidas o libres, los proyectos cooperativos y otras propuestas de aprendizaje, lo cual supone una oportunidad para potenciar la autonomía y materializar las ideas personales o colectivas y todo ello formará parte ¿de qué competencia?

　**A)** Competencia personal, social y de aprender a aprender.

　**B)** Competencia en conciencia y expresión culturales.

　**C)** Competencia emprendedora.

**15.** El reconocimiento, la expresión y el control progresivo de sus propias emociones y sentimientos, y avancen en la identificación de las emociones y sentimientos de los demás, así como en el desarrollo de actitudes de comprensión y empatía forman parte ¿de qué competencia?

　**A)** Competencia personal, social y de aprender a aprender.

　**B)** Competencia ciudadana.

　**C)** Competencia en conciencia y expresión culturales.

**16.** El contacto con lenguas y culturas distintas de la familiar, fomentando en niños y niñas las actitudes de respeto y aprecio por la diversidad lingüística y cultural forma parte ¿de qué competencia?

　**A)** Competencia en comunicación lingüística.

　**B)** Competencia plurilingüe.

　**C)** Competencia en conciencia y expresión culturales.

**17.** ¿Qué dimensiones tienen las competencias claves?

**A)** Dimensión cognitiva o conocimientos, instrumental o destrezas y actitudinal o actitudes.

**B)** Dimensión social, tecnológica y lingüística.

**C)** Dimensión de "saber hacer, saber ser y saber estar".

**18.** ¿Qué características tendrá la evaluación en esta etapa?

**A)** Será global, continua e informativa.

**B)** Será global, continua y formativa.

**C)** Será global, continua y diferenciada.

**19.** Los centros desarrollarán y completarán el currículo establecido por las administraciones educativas, adaptándolo a las características personales de cada niño o niña, así como a su realidad socioeducativa y esto se reflejará ¿ en qué documento?

**A)** La Programación General Anual del centro.

**B)** El Proyecto curricular del centro.

**C)** La propuesta pedagógica.

**20.** ¿ Quién establecerán procedimientos que permitan la detección temprana de las dificultades que pueden darse en los procesos de enseñanza y aprendizaje y la prevención de las mismas a través de planes y programas que faciliten una intervención precoz?

**A)** Las Administración Educativas.

**B)** Los centros educativos mediante los equipos de orientación.

**C)** El Gobierno con el establecimiento de medidas de atención de la diversidad.

## TEST RD 498/2020

**1.** El presente Real Decreto...
- **A)** desarrolla la estructura orgánica básica del Ministerio de Educación y Formación Profesional.
- **B)** desarrolla la estructura orgánica básica del Ministerio de Educación, Cultura y Deporte.
- **C)** desarrolla la estructura orgánica básica del Ministerio de Educación.

**2.** El Ministerio de Educación y Formación Profesional (MEFP) desarrolla las funciones que legalmente le corresponden a través de los órganos superiores y directivos siguientes:
- **A)** La Secretaría de Estado de Educación, la Secretaría General de Formación Profesional y la Subsecretaría de Educación y Formación Profesional.
- **B)** La Secretaría de Estado de Educación, la Subsecretaría General Técnica y la Subsecretaría de Educación y Formación Profesional.
- **C)** La Secretaría de Estado de Educación, la Secretaría General de Formación Profesional y la Subsecretaría de Educación y Cultura.

**3.** ¿Qué órganos directivos dependen de la Secretaría de Estado de Educación?
- **A)** La Dirección General de Evaluación.
- **B)** La Dirección General de Evaluación y Cooperación Territorial.
- **C)** La Dirección General de Evaluación y Cooperación Territorial y la Dirección General de Planificación y Gestión Educativa.

**4.** ¿A quién corresponde la gestión de las redes sobre de información y documentación sobre sistemas educativos (EURYDICE-España, REDIIE y otras)?

  **A)** La Dirección General de Evaluación y Cooperación Territorial.

  **B)** La Dirección General de Planificación y Gestión Educativa.

  **C)** A ninguna de esas dos direcciones.

**5.** ¿A quién corresponde la coordinación, impulso y seguimiento de la cooperación internacional y de las relaciones internacionales en materia de educación no universitaria y formación profesional?

  **A)** La Dirección General de Evaluación y Cooperación Territorial.

  **B)** La Dirección General de Planificación y Gestión Educativa.

  **C)** A ninguna de las dos direcciones.

**6.** ¿La Unidad de Acción Educativa Exterior depende de qué Dirección general?

  **A)** La Dirección General de Evaluación y Cooperación Territorial.

  **B)** La Dirección General de Planificación y Gestión Educativa.

  **C)** De ninguna de las dos direcciones.

**7.** El Instituto Nacional de las Cualificaciones depende ¿de qué Secretaría?

  **A)** Secretaría General de Educación y cultura.

  **B)** La Secretaría de Estado de Educación.

  **C)** Secretaría General de Formación Profesional.

**8.** La Secretaria general Técnica depende de....

A) Secretaría de Estado de Educación.

B) Secretaría General de Formación Profesional.

C) Subsecretaría de Educación y Formación Profesional.

**9.** ¿De quién depende la Subdirección General de Estadística y Estudios?

A) Secretaría General de Formación Profesional.

B) Secretaría General Técnica.

C) Secretaría de Estado de Educación.

**10.** ¿De quién depende el Instituto Nacional de Tecnologías Educativas y de Formación del Profesorado?

A) Secretaría General de Formación Profesional.

B) Secretaría de Estado de Educación.

C) Secretaría General Técnica.

## INSTRUCCIONES 24 MAYO 2005 - TEST

**1.** Las instrucciones de 24 de mayo 2005...

A) son de aplicación en los centros docentes de titularidad mixta del Estado español en el exterior.

B) son de aplicación en los centros docentes de titularidad del Estado español en el exterior.

C) son de aplicación en los secciones españoles en el exterior.

**2.** Se consideran centros integrados aquello centros que imparten enseñanzas:

A) sólo de Educación Infantil y Primaria.

B) de Educación Infantil y Secundaria.

C) de Educación Primaria y Infantil y Secundaria.

**3.** Los centros docentes de titularidad del Estado español en el exterior impartirán...

A) sus enseñanzas de acuerdo con el sistema educativo español y el propio del país donde se ubiquen.

B) sus enseñanzas conforme al sistema educativo español. No obstante, las adaptarán al sistema educativo del país en que se ubiquen.

C) sus enseñanzas conforme al sistema educativo español.

**4.** Los objetivos de los centros docentes de titularidad del Estado español en el exterior son:

　**A)** Asegurar una educación intercultural que facilite la integración del alumno en dicho.

　**B)** Favorecer el bilingüismo y propiciar la validez de los estudios en el sistema educativo español y en el del país correspondiente.

　**C)** A y B son correctas.

**5.** Los centros podrán establecer clases de refuerzo en lengua castellana con objeto de facilitar la incorporación de alumnos cuya lengua materna no sea el castellano...

　**A)** Verdadero.

　**B)** Falso.

**6.** ¿Quién determinará los contenidos, la intensidad horaria y los niveles, etapas y cursos a los que se incorporarán las áreas o los contenidos propios del sistema educativo del país de que se trate?

　**A)** El Ministerio de Educación y Formación profesional español.

　**B)** La Secretaría General Técnica.

　**C)** El Jefe de la Misión Diplomática española.

**7.** Los centros concretarán el currículo establecido en las diferentes áreas y asignaturas para facilitar la movilidad del alumnado entre el sistema educativo español y el del país de que se trate...

　**A)** y quedarán relejados en el Proyecto Educativo del centro.

　**B)** y quedarán reflejados en el proyecto curricular de etapa y en las programaciones didácticas.

　**C)** y quedarán relejados en el currículo del sistema educativo español.

**8.** El estudio de la lengua del país será obligatorio en todos los niveles y etapas educativos ¿en qué tipo de currículo?

**A)** en un currículo adaptado.

**B)** en un curriculo mixto.

**C)** en un currículo bilingüe.

**9.** Los centros docentes podrán impartir en todos los niveles educativos algún área y asignatura en el idioma del país en que se ubica el centro cuando se trata ¿de qué tipo de currículo?

**A)** en un currículo mixto.

**B)** en un currículo bilingüe.

**C)** ambas respuestas son correctas.

**10.** El currículo integrado...

**A)** contemplen la obtención de la doble titulación.

**B)** exigen la integración de los currículos de ambos estados.

**C)** A Y B son correctas.

**11.** La autonomía pedagógica de los centros se concretará ¿en qué proyectos?

**A)** en el proyecto educativo, el proyecto curricular.

**B)** en el proyecto educativo, el proyecto curricular y las programaciones didácticas.

**C)** en el proyecto educativo, el proyecto curricular, las programaciones didácticas, el plan de acción tutorial y el plan de orientación académica y profesional.

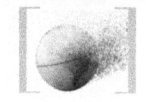

**12.** La organización general del centro, el reglamento de régimen interior y la adecuación de los objetivos generales de los niveles y las etapas educativos que se imparten en el centro ¿de qué documentos formarán parte?

**A)** formarán parte de los proyectos curriculares del centro.

**B)** formarán parte del Proyecto Educativo del centro.

**C)** formarán parte del Plan de acción tutorial.

**13.** El Proyecto educativo del centro será elaborado por el Claustro de profesores, teniendo en cuenta las directrices del Consejo Escolar.

**A)** Verdadero.

**B)** Falso.

**14.** ¿Por quién será aprobado el Proyecto Educativo?

**A)** El director.

**B)** La Comisión de Participación de la Comunidad Escolar, en el caso de que no exista el Consejo Escolar.

**C)** El Consejo Escolar o, en el caso de que no exista éste, por el Director.

**15.** ¿De qué forman parte la organización de los espacios del centro, el funcionamiento de los servicios educativos, las normas para el uso de las instalaciones, recursos y servicios educativos del centro?

**A)** Forman parte del plan de acción tutorial.

**B)** De la Programación General Anual.

**C)** Del reglamento de régimen interior.

**16.** ¿Por qué órgano será supervisada la elaboración del proyecto curricular?

A) La comisión de coordinación pedagógica.

B) El Claustro de profesores.

C) La jefatura de estudios.

**17.** Los proyectos curriculares de etapa y sus modificaciones anuales serán aprobados...

A) por el Claustro de profesores.

B) por el equipo directivo.

C) por la comisión de coordinación pedagógica.

**18.** Las programaciones didácticas son

A) instrumentos de planificación curricular específicos para cada una de las áreas, asignaturas o módulos.

B) instrumentos de planificación curricular específicos para cada etapa.

C) instrumentos de planificación curricular específicos para cada nivel educativo.

**19.** La metodología didáctica que se va a aplicar, los materiales y recursos didácticos que se van a utilizar, las actividades de recuperación y refuerzo para los alumnos, no estarán incluidas en las programaciones didácticas.

A) Verdadero.

B) Falso.

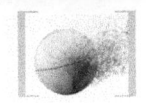

**20.** En los institutos de Educación Secundaria y en los centros integrados, el plan de acción tutorial y el plan de orientación académica y profesional serán elaboradas...

A) por el equipo directivo, de acuerdo con los criterios establecidos por el Claustro de profesores, las aportaciones de los tutores y las directrices de la comisión de coordinación pedagógica.

B) por el departamento de orientación, de acuerdo con los criterios establecidos por el Claustro de profesores, las aportaciones de los tutores y las directrices de la comisión de coordinación pedagógica.

C) por el departamento de orientación, de acuerdo con los criterios establecidos por el Consejo Escolar y la comisión de coordinación pedagógica.

**21.** La autonomía pedagógica de los centros docentes se concreta en la programación general anual.

A) Verdadero.

B) Falso.

**22.** La programación general anual debe recoger todas las decisiones adoptadas por los centros en cada curso académico, que afecten...

A) a la organización del centro escolar.

B) al funcionamiento del centro escolar.

C) A Y B son correctas.

**23.** La PGA...

A) Será elaborada por el equipo directivo y aprobada por el Consejo Escolar.

B) Será elaborada por el equipo directivo y aprobada por el director.

**C)** Será elaborada por el equipo directivo y aprobada por el Claustro de profesores.

**24.** Un ejemplar de la PGA quedará en la secretaría del centro a disposición de los miembros de la comunidad educativa y otros dos ejemplares se enviarán a la Consejería de Educación correspondiente y a la Inspección de Educación antes del 31 de septiembre.

**A)** Verdadero.

**B)** Falso.

**25.** ¿Qué incluirá la memoria administrativa de la PGA?

**A)** el documento de organización del centro, remitido por la Inspección de Educación.

**B)** el proyecto educativo del centro.

**C)** la Memoria anual de todas las actividades complementarias y extraescolares.

**26.** La evaluación de la programación general anual y su grado de cumplimiento.

**A)** se realizará por el Consejo Escolar, o en su ausencia por el equipo directivo.

**B)** se realizará por el equipo directivo.

**C)** se realizarán por el equipo directivo y el Claustro de profesores.

**27.** ¿Quién elaborará el programa de actividades complementarias y extraescolares?

**A)** El Jefe de este departamento o, en su caso por el Vicedirector, en los Institutos de educación secundaria.

**B)** El director.

**C)** El Jefe de este departamento o, en su caso, por el director.

**28.** El programa de actividades complementarias y extraescolares comprenderá:

  **A)** Los viajes de estudio y los intercambios escolares que se puedan realizar.

  **B)** La organización, el funcionamiento y el horario de la biblioteca.

  **C)** Ambas respuestas son correctas.

**29.** ¿A quién corresponde la evaluación externa de los centros?

  **A)** Jefe de la Misión Diplomática.

  **B)** Inspección de Educación.

  **C)** Servicio Técnico del Ministerio de Educación.

**30.** ¿Qué órganos colaborarán en la evaluación externa de los centros?

  **A)** El Consejo Escolar y el Claustro.

  **B)** El equipo directivo y el Consejo Escolar.

  **C)** Los órganos de gobierno, el Consejo Escolar y el Claustro, así como los órganos de coordinación docente y los distintos sectores de la comunidad educativa.

**31.** La evaluación externa se efectuará sobre...

  **A)** los procesos educativos.

  **B)** los resultados obtenidos.

  **C)** ambas respuestas son correctas.

**32.** Los órganos de gobierno de los centros docentes de titularidad del Estado español ubicados en el exterior serán los siguientes:

  **A)** El director, vicedirector, jefe de estudios y secretario.

  **B)** Director, Jefe de Estudios y Secretario.

**C)** Director, jefe estudios y un Vicedirector en el caso de centros integrados.

**33.** En los centros integrados, los órganos de gobierno serán únicos para el conjunto del centro

**A)** Verdadero.

**B)** Falso.

**34.** El nombramiento y toma de posesión del director se realizarán con carácter general con efectos...

**A)** de 31 julio del año en el que se produzca su selección.

**B)** de 1 julio del año en el que se produzca su selección.

**C)** de 1 agosto del año en el que se produzca su selección.

**35.** El programa de dirección que el director debe presentar junto a su candidatura incluirá:

**A)** los objetivos a corto, medio y largo plazo.

**B)** un breve análisis de la organización y funcionamiento que proponen para el centro, y los planes de mejora para el mismo.

**C)** Ambas respuestas son correctas.

**36.** ¿Quién remitirá a la Subdirección General de Cooperación Internacional, antes del 15 de junio, la propuesta de nombramiento del director y de los demás miembros del equipo directivo propuestos por éste?

**A)** El Jefe de la Misión Diplomática.

**B)** La Secretaria General Técnica.

**C)** El Consejero de Educación.

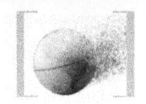

**37.** Los requisitos para poder presentar la candidatura a la dirección de un Centro son:

**A)** tener una antigüedad de, al menos, tres años en el cuerpo de la función pública docente desde el que se opta.

**B)** haber impartido docencia directa en el aula como funcionario de carrera, durante cinco años, en un centro público que imparta enseñanzas del mismo nivel y régimen.

**C)** estar prestando servicios de mínimo un año en el centro docente en exterior.

**38.** ¿Cuándo cesarán sus funciones todos los funcionarios docentes miembros del equipo directivo?

**A)** Cuando finalicen los cuatro año estipulados en la convocatoria.

**B)** Cuando finalice su periodo máximo de adscripción en el exterior.

**C)** Cuando finalice el nombramiento del director.

**39.** El nombramiento del Vicedirector „en aquellos centros de gran complejidad, será autorizado por:

**A)** La Secretaría General Técnica.

**B)** El Jefe de la Misión Diplomática, oído el Conesjo Escolar y el Claustro.

**C)** El Director previa autorización del Jefe de la Misión Diplomática.

**40.** El Consejo Escolar se constituirá sólo en aquellos centros cuyo número de alumnos de nacionalidad española sea, de al menos...

**A)** el 50 por 100 del número total de alumnos matriculados.

**B)** el 60 por 100 del número total de alumnos matriculados.

**C)** el 40 por 100 del número total de alumnos matriculados.

**41.** En todos los centros, formará parte del Consejo Escolar un representante de la Misión Diplomática española en el país respectivo ¿quién designará a dicho miembro?

**A)** El Consejero de Educación.

**B)** El Jefe de la Misión.

**C)** El Ministerio de Educación.

**42.** En la comisión de convivencia, configurada dentro del Consejo escolar, estarán presentes ¿qué miembros?

**A)** El director, y los jefes de estudios de Educación Infantil y Primariael director.

**B)** El o los jefes de estudios y un representante de la Misión Diplomática.

**C)** El Director, el o los Jefes de estudios, un maestro o profesor de enseñanza secundaria y un padre de alumno.

**43.** Aquello centros que no tengan constituido Consejo Escolar, y sin perjuicio de lo que puedan establecer los convenios internacionales para determinados centros, el Consejero de Educación deberá determinar la constitución de ¿qué tipo de comisión?

**A)** Comisión de Participación.

**B)** Comisión de Profesorado y familias.

**C)** Comisión de Proyecto Escolar.

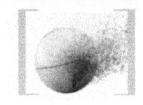

**44.** La composición de la Comisión de Participación de la Comunidad Escolar será la siguiente:

　**A)** un alumno de 3.º de Educación Secundaria Obligatoria o de cursos superiores, elegido por y entre los miembros de la Junta de delegados.

　**B)** un representante de la Misión Diplomática española en el Estado respectivo, designado por el Jefe de la misma.

　**C)** Ambas son correctas.

**45.** La Comisión de Participación se reunirá, al menos, una vez al trimestre y cuantas veces considere oportuno el director o...

　**A)** a petición de mitad de sus miembros.

　**B)** a petición de un tercio, como mínimo, de sus miembros.

　**C)** a petición de un cuarto, como mínimo, de sus miembros.

**46.** Entre las funciones de la Comisión de Participación encontramos...

　**A)** Formular propuestas al equipo directivo del centro para la elaboración del proyecto educativo.

　**B)** Conocer la evolución del rendimiento escolar y proponer propuestas de mejora.

　**C)** Ambas respuestas son correctas.

**47.** Cuándo se creará la Comisión de Asuntos Económicos?

　**A)** Cuando exista el Consejo Escolar y se necesite formar dicha Comisión no.

　**B)** Cuando exista el Consejo Escolar.

　**C)** Cuando exista la Comisión de Participación.

**48.** ¿Qué funciones tiene el Claustro de Profesores?

**A)** Planificar, coordinar, informar y, en su caso, decidir sobre todos los aspectos docentes de su competencia en el centro.

**B)** Planificar, coordinar, informar y, en su caso, decidir sobre los aspectos pedagógicos y de gestión económica d de su competencia en el centro.

**C)** Planificar, coordinar, informar y, en su caso, decidir sobre todos los aspectos de organización y funcionamiento del centro.

**49.** Es preceptiva una reunión del Claustro de Profesores...

**A)** mínimo una vez al trimestre.

**B)** mínimo una al inicio y final de curso.

**C)** una vez al trimestre y siempre que lo convoque el Director o lo solicite un tercio, almenos, de sus miembros.

**50.** Podemos encontrar los siguientes órganos de coordinación docente:

**A)** Comisión de coordinación pedagógica.

**B)** Separtamentos de coordinación didáctica, departamento de orientación y departamento de actividades complementarias y extraescolares.

**C)** Ambas respuestas son correctas.

**51.** Los equipos de ciclo, realizarán al final del curso una memoria que comprenderá ¿qué puntos?

**A)** El análisis de la programación general anual y los objetivos conseguidos.

**B)** La evaluación de las actividades realizadas y los resultados obtenidos.

**C)** La evaluación de las actividades complementarias y las actividades docentes.

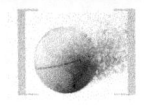

**52.** El Coordinador de ciclo será designado por...

A) el director, oído el Claustro de Profesores.

B) el director, oído el equipo de Ciclo.

C) el jefe de estudios, previa aprobación del director.

**53.** ¿Qué son los departamentos de coordinación didáctica?

A) Son los órganos encargados de organizar y desarrollar las enseñanzas propias de las áreas, asignaturas o módulos que tengan asignados.

B) Son órganos encargados de organizar las actividades pedagógicas y complementarias.

C) Son órganos encargados de organizar cualquier actividad que se le asigne por elequipo directivo.

**54.** Los departamentos de familia profesional se constituirán en todos los centros...

A) integrados de Educación Infantil, Primaria y Secundaria.

B) en los centros que impartan formación profesional.

C) específica en los centros que tengan un departamento de orientación.

**55.** ¿Cuántas veces se reunirán los departamentos?

A) Una vez al mes y tendrán como objeto evaluar las programaciones didácticas.

B) Una vez cada dos semanas y tendrán como objeto evaluar las programaciones didácticas.

C) Una vez a a la semana y tendrán como objeto evaluar las programacionesdidácticas.

**56.** El departamento de orientación se encargará de manera especial de las funciones de...

A) organización de la orientación educativa, psicopedagógica y académico-profesional.

B) del plan de acción tutorial.

C) Ambas respuestas son correctas.

**57.** El departamento de actividades complementarias y extraescolares se constituirá en los centros...

A) integrados que impartan Educación Segundaria y Primaria.

B) que impartan Educación Secundaria y no exista Vicedirector.

C) que impartan un currículo adaptado.

**58.** La Comisión de Coordinación pedagógica se constituirá en los centros

A) Con doce o más unidades o grupos.

B) Centros integrados que no exceda de 12 unidades.

C) Con un 50% de alumnos de nacionalidad española.

**59.** Entre las funciones de la Comisión de Coordinación pedagógica encontramos:

A) Establecer las directrices generales para la elaboración y revisión de losproyectos curriculares de nivel o etapa y de las programaciones didácticas.

B) Establecer las directrices generales para la elaboración y revisión de los proyectos educativos.

C) Establecer las directrices generales para la elaboración y revisión de losproyectos curriculares de nivel o etapa y de las programación general anual.

**60.** En Educación Infantil y Primaria, cuando el número de maestros sea superior al de unidades, la tutoría de cada grupo recaerá preferentemente...

A) en el maestro especialista.

B) en el maestro que tenga mayor horario semanal con dicho grupo.

C) maestro que tenga menos carga lectiva.

**61.** En Educación Secundaria el horario del tutor...

A) incluirá una hora complementaria semanal para la atención a los padres.

B) incluirá dos horas complementaria semanal para la atención a los padres.

C) incluirá una hora complementaria semanal para la atención a los padres y otra hora de coordinación con el departamento de orientación.

**62.** En Educación Infantil y Primaria, el departamento de orientación, con la colaboración de los Coordinadores de ciclo, efectuará el seguimiento y apoyará la labor de los tutores de acuerdo con el plan de acción tutorial.

A) Verdadero.

B) Falso.

**63.** La Junta de profesores se reunirá...

A) una vez al trimestre con motivo de las sesiones de evaluación programadas por el centro.

B) una vez al trimestre con motivo de realizar un seguimiento continuo del progreso del alumnado.

C) una vez al trimestre con motivo de realizar evaluaciones sobre la programación didácticas y proponer planes de mejora.

**64.** El calendario escolar comprenderá...

A) un mínimo de ciento setenta y cinco días lectivos para las enseñanzas obligatorias.

B) un mínimo de ciento sesenta y cinco días lectivos para las enseñanzas obligatorias.

C) un mínimo de ciento cincuenta y cinco días lectivos para las enseñanzas obligatorias.

**65.** El calendario escolar se comunicará a la Subdirección General de Cooperación Internacional...

A) por parte del director del centro, antes del 30 de junio.

B) por parte del Jefe de la Misión Diplomática antes del 30 de junio.

C) por parte del Consejero de Educación, antes del 30 de junio.

**66.** Cuando un centro desee modificar el horario general y la jornada escolar aprobados...

A) el equipo directivo presentará su propuesta al Consejero de Educación.

B) el equipo directivo elaborará su propuesta y lo presentará al Claustro de Profesores y , en su caso, al Consejo Escolar.

C) el equipo directivo lo presentará al Claustro de Profesores y , en su caso, al Consejo Escolar y lo aprobará la Subdirección General de Cooperación Internacional.

**67.** Atendiendo a circunstancias excepcionales que concurran en un centro, se podrá autorizar, para un determinado nivel o etapa, una distribución de la jornada escolar distinta de la establecida con carácter general...

A) a propuesta de la Consejería de Educación respectiva, con informe previo de la Inspección de Educación, y aprobado por La Secretaria General Técnica.

**B)** a propuesta de la Consejería de Educación respectiva, con informe previo de la Inspección de Educación, y aprobado por la Subdirección General de Cooperación Internacional.

**C)** a propuesta del equipo directivo respectivo, con informe previa de la Inspección de Educación, y aprobado por la Subdirección General de Cooperación Internacional.

**68.** Los períodos lectivos del alumnado en Educación Secundaria tendrá una duración mínima de...

**A)** de cincuenta y cinco minutos.

**B)** de cuarenta y cinco minutos.

**C)** de sesenta minutos.

**69.** Los grupos de atención de alumnos con materias pendientes o de refuerzo se constituirán con un mínimo de 15 alumnos.

**A)** Con carácter general, excepto en tercero y segundo de la ESO que deberán ser de un mínimo de 10 alumnos.

**B)** Con carácter general, excepto en primero y segundo de la ESO que deberán ser de un mínimo de 10 alumnos.

**C)** Con carácter excepcional, y será obligatorio un mínimo de 10 alumnos de la ESO.

**70.** La jornada laboral de los funcionarios docentes en el exterior comprenderá...

**A)** 30 horas de obligada permanencia en el centro y el resto, hasta las treinta y siete horas y media semanales, serán de libre disposición de los profesores.

**B)** 37 horas de obligada permanencia en el centro.

**C)** 35 horas de obligada permanencia en el centro y dos horas y media de libre disposición.

**71.** El horario de obligada permanencia en el centro, en cuanto a docencia directa se distribuirá de la siguiente forma:

**A)** 25 horas semanales en Educación Infantil y Educación Primaria y entre 18 y 21 períodos lectivos semanales en Educación Secundaria.

**B)** 21 horas semanales en Educación Infantil y Educación Primaria y entre 18 períodos lectivos semanales en Educación Secundaria.

**C)** 25 horas semanales en Educación Infantil y Educación Primaria y 21 períodos lectivos semanales en Educación Secundaria.

**72.** En todos los casos se completarán 30 horas semanales de obligada permanencia en el centro, con independencia del horario lectivo asignado, y estas horas se dedicarán a...

**A)** Docencia compartida para prácticas específicas de conversación y prácticas de laboratorio.

**B)** Horas de realización de actividades extraescolares y complementarias.

**C)** Horas de apoyo en las áreas o módulos que le corresponde según la especialidad.

**73.** La permanencia mínima de un profesor en el centro no podrá ser ningún día, de lunes a viernes...

**A)** inferior a 4 horas, excepto en Educación Secundaria que podrán impartir sólo 3 horas.

**B)** inferior a cinco horas, excepto en Educación Secundaria que podrán impartir un mínimo de dos períodos lectivos diarios y un máximo de cinco.

**C)** inferior a cinco horas, excepto en Educación Secundaria que podrán impartir un mínimo de tres períodos lectivos diarios y un máximo de cinco.

**74.** ¿Cuántas horas lectivas impartirán los miembros del equipo directivo?

**A)** 12 horas lectivas, en centros de Educación Infantil y Primaria que tengan entre 9 y 15 unidades.

**B)** 12 horas lectivas, en centros de Educación Infantil y Primaria que tengan entre 6 y 8 unidades.

**C)** 12 horas lectivas, en centros de Educación Infantil y Primaria que tengan entre 16 y 21 unidades.

**75.** ¿A quién corresponde la aprobación de los horarios del centro?

**A)** Al Director, previo informe de la Inspección Educativa.

**B)** La aprobación provisional corresponde al director y la definitiva al Consejero de Educación, previo informe de la Subdirección General de Cooperación Internacional.

**C)** La aprobación provisional corresponde al director y la definitiva al Consejero de Educación, previo informe de la Inspección Educativa.

**76.** La admisión de alumnos en los centros de titularidad del Estado Español se regirá, por los siguientes criterios, con la ponderación que se señala:

**A)** Vinculación de los aspirantes con la Lengua y Cultura españolas. Hasta 3 puntos.

**B)** Adecuación de los niveles de conocimiento de los aspirantes a las características del currículo impartido por el centro y a los objetivos generales recogidos en el Proyecto Educativo. Hasta 4 puntos.

**C)** Ambas respuestas son correctas.

**77.** Podrá denegarse la continuidad de un alumno en el centro cuando, a juicio de la junta de profesores de grupo y de la jefatura de estudios...

A) se den las circunstancias de rendimiento académico muy bajo.

B) se dan problemas manifiestos de disciplina que perjudiquen gravemente la docencia.

C) Ambas respuestas son incorrectas.

## TEST RESOLUCIÓN ALCE 2019 y Orden EDU/3122/2010

**1.** ¿A quién corresponde la campaña de información y difusión de las clases de lengua y cultura españolas, así como para asesorar sobre el proceso de inscripción de los alumnos?

   **A)** A la dirección de Las Agrupaciones de Lengua y Cultura Española.

   **B)** A las Consejerías de Educación.

   **C)** A las Consejerías de educación, previo informe de la Inspección Educativa.

**2.** El plazo de inscripción deberá ser de al menos veinte días hábiles y se abrirá no más tarde ¿de qué fecha?

   **A)** del 1 de abril, excepto en EEUU que será antes del 1 de septiembre.

   **B)** del 1 de abril con carácter general, excepto en Australia que será el 1 de septiembre.

   **C)** Ambas respuestas son correctas.

**3.** Con carácter general, los alumnos que deseen continuar los estudios o incorporarse al programa ALCE deberán cumplir los siguientes requisitos generales:

   **A)** Tener la nacionalidad española, o que la tengan el padre o la madre.

   **B)** Estar escolarizados en los niveles educativos anteriores o posteriores a la universidad del sistema escolar reglado de un país extranjero.

   **C)** Ambas respuestas son correctas.

**4.** Los alumnos de nueva inscripción aportarán, los siguientes documentos:

   **A)** Pasaporte u otro documento de identidad del alumno que acredite su nacionalidad española.

   **B)** Certificación consular u otro documento que acredite fehacientemente la nacionalidad española del alumno.

   **C)** Ninguna de las dos respuestas es correcta.

**5.** Los ALCE se encuentran en países como...

   **A)** Bélgica, Luxemburgo, Austria, Australia, Canadá y Francia.

   **B)** Francia, Estados Unidos, Luxemburgo, Austria y Suiza.

   **C)** Reino Unido, Irlanda, Australia, Bélgica y Suiza.

**6.** Los alumnos de nueva inscripción serán objeto...

   **A)** de una prueba para determinar su nivel de lengua española.

   **B)** de una prueba para determinar sus conocimientos sobre cultura española.

   **C)** Ambas respuestas son correctas.

**7.** Las pruebas medirán la competencia de los alumnos en las cuatro destrezas (comprensión y expresión oral y escrita)...

   **A)** Con carácter general, excepto los alumnos de siete años que realizarán sólo pruebas orales.

   **B)** Con carácter general, excepto los alumnos de siete a 18 años que realizarán sólo pruebas orales.

   **C)** Con carácter general, excepto los alumnos de seis años que realizarán sólo pruebasorales.

**8.** Una vez elaborado el censo de alumnos inscritos...

**A)** los directores de las Agrupaciones enviarán a la Consejería de Educación una propuesta de organización de las enseñanzas (aulas, niveles, grupos, profesores, etc.).

**B)** la Consejería de Educación enviará una propuesta de organización de lasenseñanzas (aulas, niveles, grupos, profesores, etc.).

**C)** Ambas respuestas son correctas.

**9.** En cada aula de la Agrupación ¿cuál será el número máximo de alumnos por grupo?

**A)** 23 para los grupos del mismo nivel.

**B)** 18 para los grupos del mismo nivel.

**C)** 23 para los grupos del mismo nivel y de 18 para los grupos de dos o másniveles.

**10.** Las Consejerías remitirán a la Inspección de Educación, con copia electrónica a la Subdirección General de Cooperación Internacional y Promoción Exterior Educativa, una propuesta de las aulas y grupos que vayan a funcionar en el curso siguiente ¿en qué fechas?

**A)** Antes del 31 de mayo, excepto en Australia que serán antes del 30 de septiembre.

**B)** Antes del 31 de mayo, excepto en Australia que serán antes del 30 de noviembre.

**C)** Antes del 31 de junio, excepto en Australia que serán antes del 30 de septiembre.

**11.** En el artículo 17 de la Orden EDU/3122/2010. se establece que todos los alumnos escolarizados en las ALCE recibirán:

**A)** un tercio de las clases de forma presencial y el resto en línea.

**B)** el 50% de las enseñanzas de manera presencial y el otro 50% en línea.

**C)** el 60% de las enseñanzas de manera presencial y el otro 40% en línea.

**12.** Se podrán planificar periodos presenciales de dos horas en los grupos con más de dos niveles siempre que se cumplan las siguientes condiciones:

**A)** Que se aplique únicamente a los grupos con más de tres subniveles (A1, A2.1, ... C1.3) de distintos niveles (A1, A2, ... C1).

**B)** Que mitad de los alumnos reciban la hora y media semanal de enseñanza presencial.

**C)** Ambas respuestas son correctas.

**13.** La enseñanza en línea será impartida en la plataforma virtual denominada...

**A)** "Aula virtual de la Agrupación".

**B)** "Aula Internacional".

**C)** "Aula Cidead".

**14.** Para la designación de los tutores en línea se tendrá en cuenta lo siguiente:

**A)** Como regla general, cada tutor atenderá a un solo curso y tendrá un mínimo de 50 y un máximo de 160 alumnos.

**B)** Como regla general, cada tutor atenderá a un solo curso y tendrá un mínimo de 60 y un máximo de 180 alumnos.

**C)** Como regla general, cada tutor atenderá a un solo curso y tendrá un mínimo de 50y un máximo de 180 alumnos.

**15.** Si el tutor en línea atiende a un número total de 101 - 130 alumnos...

**A)** impartirá 5 horas semanales a los alumnos de niveles B y C y otras 5 al alumnado de nivel A.

**B)** impartirá 6 horas semanales a los alumnos de niveles B y C y otras 5 al alumnado de nivel A.

**C)** impartirá 3 horas semanales a los alumnos de diferentes niveles.

**16.** En el modelo de enseñanza semipresencial, los profesores presenciales llevarán a cabo las siguientes funciones:

**A)** Tramitar las nuevas inscripciones, impartir clases, atender a los padres, evaluar y también deben realizar tareas administrativas.

**B)** Controlarán periódicamente la participación de sus alumnos en los cursos virtuales.

**C)** Ambas respuestas son correctas.

**1.7** Los tutores en línea se encargarán...

**A)** de impartir las enseñanzas en línea, dinamizando los foros, asignando a los alumnos las tareas.

**B)** de comprobar la participación, haciendo un seguimiento global del grupo asignado.

**C)** Ambas preguntas son incorrectas.

**18.** Los Consejeros de Educación se reunirán, al menos dos veces al año, con los miembros de los Consejos de Residentes Españoles , así como las organizaciones regionales o nacionales de Padres de Alumnos de las ALCE.

**A)** Verdadero.

**B)** Falso.

**19.** El artículo 30 de la Orden EDU/3122/2010, se establece que en el seno de cada Consejería de Educación se constituirá una Comisión Técnica formada por...

**A)** el Consejero de Educación o persona en quien delegue, un Asesor Técnico de la Consejería, un Director de Agrupación y un profesor destinado en el país.

**B)** el Jefe de la Misión Diplomática, un Asesor Técnico de la Consejería, un Director de Agrupación y un profesor destinado en el país.

**C)** un Asesor Técnico de la Consejería, un Director de Agrupación y un profesordestinado en el país.

**20.** La Comisión Técnica tendrá las siguientes funciones:

**A)** Establecer los criterios e instrumentos, incluidas las pruebas, de comprobación del nivel de capacidad lingüística en español.

**B)** Elaborar o modificar la organización de las aulas de las agrupaciones de su ámbito.

**C)** Ambas respuestas son correctas.

**21.** ¿Qué contendrá la planificación curricular de las agrupaciones?

**A)** Los materiales curriculares y recursos didácticos del profesorado, así como los materiales que deban utilizar los alumnos.

**B)** Los criterios de evaluación para determinar la superación de los objetivos establecidos.

**C)** Ambas respuestas son correctas.

**22.** Participar en la elaboración de la prueba final que será común para todas las Agrupaciones será unas de las funciones de ¿qué equipo, comisión o personal?

　**A)** Los directores de las Agrupaciones, que se deberán reunir para tomar decisiones comunes.

　**B)** La Comisión Técnica.

　**C)** La Comisión Técnica, bajo la supervisión de la Inspección Educativa.

**23.** Promover iniciativas para la mejora de aquellas destrezas que en las que se observen más bajos resultados en las pruebas realizadas es una de las funciones ¿de qué comisión o personal?

　**A)** De la Comisión Pedagógica de la Agrupación.

　**B)** De la Comisión Técnica.

　**C)** De todo el profesorado destinado en la Agrupación.

**24.** Cada Agrupación contará con un equipo docente que se reunirá como mínimo dos veces al año.

　**A)** Verdadero.

　**B)** Falso.

**25.** La primera reunión del equipo docente, se celebrará al principio del curso, con el fin de determinar el Plan Anual de la Agrupación y ¿qué otros aspectos?

　**A)** Establecer las líneas generales para adaptar y concretar la planificación curricular.

　**B)** Proponer las medidas adecuadas para reorientar la intervención didáctica.

　**C)** Ambas respuestas son correctas.

**26.** Para apoyar a los profesores de los cursos en línea se designará una comisión compuesta por coordinadores de nivel designados por:

A) El consejero de Educación, oído el director de la agrupación.

B) La Subdirección General de Cooperación Internacional y Promoción Exterior Educativa.

C) El consejero de Educación, oído la Comisión de Participación.

**27.** Los coordinadores de nivel podrán computar ¿cuántas horas lectivas?

A) Hasta 3 horas semanales.

B) Hasta 4 horas semanales.

AC) Hasta 2 horas semanales

**28.** La gestión, seguimiento y evaluación de los cursos virtuales corresponde ¿a qué docente?

A) A los tutores en línea.

B) A los tutores en línea, en coordinación con los tutores presenciales.

C) A los Coordinadores de niveles.

**29.** El equipo docente de cada agrupación se reunirá, previa convocatoria del director, en las tres ocasiones previstas en el artículo 11 de la OrdenEDU/3122/2010 o...

A) cuando un tercio del número total del profesorado así lo soliciten.

B) cuando lo solicite al menos la mitad de los profesores.

C) cuando lo solicite el Asesor Técnico, perteneciente a la Consejería de Educación.

**30.** El equipo docente de la Agrupación tendrá las siguientes funciones:

**A)** Elaborar con el director de la agrupación el plan anual y proceder a su evaluación y revisión.

**B)** Proponer al consejero de educación, a través del director, las actividades de formación del profesorado adscrito a la ALCE.

**C)** Ambas respuestas son correctas.

**31.** Los profesores de la Agrupación deberán cumplimentar una declaración personal de su horario de trabajo y ¿en qué fechas lo deben remitir los directores a la Consejería?

**A)** Los directores de las agrupaciones remitirán dichas declaraciones a la Consejería de Educación antes del 20 de octubre.

**B)** Los directores de las agrupaciones remitirán dichas declaraciones a la Consejería de Educación antes del 1 de octubre.

**C)** los directores de las agrupaciones remitirán dichas declaraciones a la Consejería deEducación antes del 1 de marzo.

**32.** De las 30 horas de presencia en las aulas y sedes de las Agrupaciones, los profesores dedicarán...

**A)** Mínimo 18 horas a la impartición de clases, incluidas las sesiones en línea y las presenciales.

**B)** Mínimo 21 horas a la impartición de clases, incluidas las sesiones en línea y las presenciales.

**C)** Mínimo 25 horas a la impartición de clases, incluidas las sesiones en línea y laspresenciales.

**33.** El máximo de horas lectivas computables por función directiva será de 12 horas si...

**A)** el número de profesores de la agrupación es de 6 a 10.

**B)** el número de profesores de la agrupación es de 17 o más.

**C)** el número de profesores de la agrupación es de 11 a 16.

**34.** La falta de asistencia del profesorado de la agrupación será remitida por el director ¿en qué fechas?

**A)** Antes del quinto día de cada mes.

**B)** En la primera quincena de cada mes.

**C)** Al finalizar el mes.

**35.** En la primera reunión que tendrá lugar al inicio de cada curso, el equipo directivo elaborará el plan anual de la agrupación del año escolar correspondiente, bajo la coordinación y orientación del equipo docente.

**A)** Verdadero.

**B)** Falso.

**36.** El plan anual de la agrupación se redactará por el director y se remitirá a Consejería de Educación

**A)** Antes del 20 de octubre (20 de marzo en Australia).

**B)** Antes del 30 de octubre (30 de marzo en Australia).

**C)** Antes del 1 de octubre (1 de marzo en Australia).

**37.** El plan anual de la agrupación se redactará por el director y comprenderán:

**A)** Las actividades complementarias, extraescolares y de difusión de la lengua y cultura españolas que se prevé realizar a lo largo del curso.

**B)** Las características geográficas, socioculturales y educativas del entorno en el que se ubica la agrupación.

**C)** Ambas respuestas son correctas.

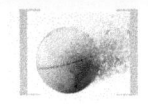

**38.** Los criterios sobre funcionamiento de aulas, modalidades de enseñanza, agrupamiento de alumnos y adscripción del profesorado a grupos de alumnos ¿de qué documentos forman parte?

**A)** Forman parte de los proyectos curriculares de la agrupación.

**B)** Forman parte del plan anual de la agrupación.

**C)** Forman parte de los proyectos educativos de la agrupación.

**39.** ¿Cuándo se realizará la revisión y evaluación del plan anual de la agrupación?

**A)** Se realizará en el mes de febrero, o en su caso el mes de julio en Australia.

**B)** Se realizará en el mes de enero, o en su caso el mes de junio en Australia.

**C)** Se realizará en el mes de febrero, o en su caso el mes de junio en Australia.

**40.** ¿Cuántas veces convocará el profesor de la agrupación a la totalidad de los padres de cada uno de los grupos a su cargo?

**A)** Mínimo dos veces cada curso.

**B)** Cada semana, en su horario de tutoría.

**C)** Mínimo cada trimestre.

**41.** El Registro Personal del Alumno contendrá:

**A)** Las pruebas escritas realizadas al alumno para su adscripción, así como la valoración efectuada por el profesor.

**B)** La documentación que el alumno aporta para la prórroga en el curso siguiente.

**C)** Ambas respuestas son correctas.

**42.** Tanto en la modalidad presencial como en línea, se evaluará el trabajo de los alumnos durante el curso en los siguientes aspectos:

**A)** La actitud demostrada ante las enseñanzas en la clase, teniendo en cuenta su asistencia y el cumplimiento de las tareas encomendadas.

**B)** El grado de consecución de los objetivos señalados para el curso y nivel correspondientes.

**C)** Ambas respuestas son correctas.

**43.** Al final de cada nivel se emitirá un informe de cada alumno que deberá incluir la valoración cuantitativa de aspectos como habilidades de comprensión y expresión, etc.

**A)** Verdadero.

**B)** Falso.

**44.** ¿Cuándo remitirá el profesor a los padres de sus alumnos información cuantitativa y cualitativa en relación con el rendimiento y progresión de cada uno de ellos?

**A)** Mínimo dos veces por curso.

**B)** Mínimo cada trimestre.

**C)** Cada mes.

**45.** Los alumnos que, al finalizar los cursos correspondientes a los niveles B1 y B2, no hubiesen alcanzado los objetivos del nivel, podrán permanecer en el mismo nivel...

**A)** hasta un máximo de cuatro años.

**B)** hasta un máximo de diez años.

**C)** hasta un máximo de cinco años.

**46.** ¿Quién diseñará la prueba para la comprobación de haber alcanzado los objetivos señalados para el nivel C1?

   **A)** Será diseñada por el Instituto Cervantes.

   **B)** Será diseñada por las Comisiones Técnicas de las consejerías de educación.

   **C)** Será diseñada por el equipo docente de la Agrupación.

**47.** ¿Cuándo se aplicarán las pruebas de nivel C1?

   **A)** En la última semana de mayo o primera de junio (finales de noviembre en Australia).

   **B)** En la última semana de junio o primera de julio (finales de noviembre en Australia).

   **C)** En la última semana de mayo o primera de junio (finales de octubre en Australia).

**48.** Las pruebas serán supervisadas y calificadas por comisiones evaluadoras compuestas por...

   **A)** dos profesores de la agrupación.

   **B)** la Comisión Técnica de la Consejería de Educación.

   **C)** tres profesores de la agrupación.

**49.** ¿Qué duración tendrá la prueba de comprensión oral de los niveles B1 y B2?

   **A)** 30 minutos.

   **B)** 10 minutos.

   **C)** 20 minutos.

**50.** ¿Qué duración tendrá la prueba de la comprensión escrita para el nivel C1?

**A)** 120 minutos.

**B)** 90 minutos.

**C)** 100 minutos.

**51.** ¿Qué tendrá en cuenta la calificación de la prueba?

**A)** Los criterios de evaluación establecidos por la Comisión Técnica.

**B)** Las instrucciones de la Guía para la elaboración, aplicación y corrección de las pruebas finales de las ALCE.

**C)** Las instrucciones del equipo docente, en coordinación con la Comisión Técnica

**52.** Para superar el nivel habrá que alcanzar el 60% de la puntuación máxima...

**A)** aunque se permitirá alcanzar un 40% en algún apartado.

**B)** aunque se permitirá alcanzar un 50% en algún apartado.

**C)** Ninguna de las respuestas es correcta.

**53.** Podrán presentase a la prueba final los alumnos del nivel C1 que hayan cumplido...

**A)** 18 años y que, a juicio del profesor, tengan el nivel de competencias suficientes.

**B)** 14 años y que, a juicio del profesor, tengan el nivel de competencias suficientes.

**C)** 16 años y que, a juicio del profesor, tengan el nivel de competencias suficientes.

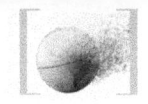

**54.** ¿Cuándo se podrá obtener el Certificado de Lengua y Cultura Españolas?

   **A)** Al finalizar la escolarización en las ALCE.

   **B)** Al finalizar la escolarización en las ALCE, y tras haber superado la prueba de nivel.

   **C)** Al finalizar la escolarización en las ALCE y tras el informe positivo del tutor.

**55.** Los alumnos diagnosticados como alumnado de educación especial promocionarán de nivel ¿en qué condiciones?

   **A)** Si han superado la prueba de nivel.

   **B)** Sin necesidad de superar las pruebas de nivel.

   **C)** Ninguna de las respuestas anteriores es correcta.

**56.** La memoria anual, que recogerá las conclusiones más relevantes sobre el curso y las propuestas que se estimen más adecuadas para la elaboración del plan anual para el curso siguiente, incluirá los puntos que siguen:

   **A)** Relación nominal de los certificados de nivel expeditados.

   **B)** Los resultados de las pruebas de nivel y la consecución de los objetivos propuestos.

   **C)** Grado de consecución de los objetivos expresados en el plan anual.

**57.** La propuesta justificada de apertura o de clausura de aulas junto a la propuesta de mejora del funcionamiento de la agrupación para el curso próximo ¿de qué documento forma parte?

   **A)** Del Plan anual de la agrupación.

   **B)** De la memoria anual de la agrupación.

   **C)** De los planes de mejora de la agrupación.

**58.** ¿Cuándo será enviada la memoria al consejero de educación quien remitirá una copia a la Subdirección General de Cooperación Internacional y Promoción Exterior Educativa y otra copia a la Inspección de Educación?

   **A)** En la primera quincena del mes de junio, y en Australia en la primera quincena del mes de noviembre.

   **B)** A finales del mes de junio, y en Australia a finales del mes de diciembre.

   **C)** En la primera quincena del mes de julio, y en Australia en la primera quincena del mes de diciembre.

**59.** Las enseñanzas de lengua y cultura españolas, de acuerdo con lo establecido en el Marco Común Europeo de Referencia de las lenguas, se articularán en tres etapas (A, B y C), que comprenden ¿cuántos niveles?

   **A)** Cinco niveles (A1, A2, B1, B2 y C1).

   **B)** Seis niveles (A1, A2, B1, B2, C1 y C2).

   **C)** Tres niveles (A1, B1 y C1).

**60.** Al frente de cada Agrupación de Lengua y Cultura españolas, habrá un director, que será designado libremente por el Ministerio de Educación...

   **A)** oído el Consejo Escolar y con la aprobación del consejero de Educación.

   **B)** previo informe del Ministerio de Asuntos Exteriores y Cooperación.

   **C)** previo informe de la Comisión Técnica de cada agrupación.

**61.** El número mínimo de alumnos para constituir un grupo será de...

A) 14 alumnos.

B) 12 alumnos.

C) 15 alumnos.

**62.** ¿Cuándo se procederá a dar de baja un alumno en la agrupación?

A) Cuando las ausencias injustificadas de un alumno alcancen el 25 por 100 del total de horas presenciales de un curso académico.

B) Cuando las ausencias justificadas de un alumno alcancen el 25 por 100 del total de horas presenciales de un curso académico.

C) Cuando las ausencias injustificadas de un alumno alcancen el 35 por 100 del total de horas presenciales de un curso académico.

**63.** La distribución de etapas y niveles en las que se organiza la nueva estructura del currículo, así como su correspondencia con los años de escolarización de las ALCE, establece que...

A) La etapa B incluye los niveles B1 y B2 y se desarrolla en tres años.

B) La etapa B incluye los niveles B1 y B2 y se desarrolla en seis años.

C) La etapa B incluye los niveles B1 y B2 y se desarrolla en cuatro años.

**64.** ¿Qué establece el currículo de las agrupaciones?

**A)** Objetivos de nivel y de etapa.

**B)** Objetivos según el MCER.

**C)** Objetivos y los contenidos del currículo, a partir de los niveles de referencia para el español del PCIC.

**65.** Los componentes gramatical, funcional, nocional, cultural y de aprendizaje forman parte ¿de qué elemento curricular?

**A)** De los objetivos de etapa.

**B)** De los contenidos del currículo.

**C)** Ambas respuestas son correctas.

## TEST Instrucciones 18 octubre 2010

**1.** ¿Qué regulan estas Instrucciones?

    **A)** La organización y el funcionamiento de las secciones bilingües.

    **B)** La organización y el funcionamiento de los centros de titularidad española.

    **C)** La organización y el funcionamiento de las secciones españolas en centros de otrosestados o en organismos internacionales.

**2.** ¿Qué características tienen las secciones españolas en centros de otros estados o en organismos internacionales?

    **A)** Inclusión dentro de otros sistemas.

    **B)** Flexibilidad y capacidad de adaptación a sistemas educativos diferentes.

    **C)** Integrados en centros públicos o privados.

**3.** ¿Qué referente metodológico tienen las secciones españolas?

    **A)** Aprendizaje Integrado de Contenidos y Lenguas Extranjeras.

    **B)** Metodologías activas basadas en proyectos.

    **C)** Metodologías basadas en aprendizaje cooperativo.

**4.** ¿Dónde se pueden crear las secciones españolas?

    **A)** Centros públicos o privados de otros estados u organismos internacionales.

    **B)** Únicamente centros públicos u organismos internacionales.

    **C)** Centros privados u organismos internacionales.

**5.** ¿Qué tipo de currículo encontramos en las secciones españolas?

   **A)** Currículo adaptado donde se imparten áreas en español.

   **B)** Currículo mixto en el cual se incluyen asignaturas impartidas en español.

   **C)** Currículo integrado con alguna modalidad de lengua y cultura española.

**6.** ¿Qué objetivos tiene el programa de secciones españolas?

   **A)** Impulsar la calidad de las enseñanzas de españolen la educación no reglada.

   **B)** Ofrecer la titulación del sistema educativo español al finalizar los estudios de educación secundaria media y superior.

   **C)** Ofrecer la doble titulación al finalizar los estudios de educación secundaria media ysuperior.

**7.** ¿Cuál es una de las funciones de la Inspección de Educación?

   **A)** Velar para que alcances los objetivos previstos en la normativa española.

   **B)** Asegurar la correcta adaptación de las secciones españolas al sistema educativo del país.

   **C)** Supervisar la implantación del currículo mixto acordado en cada país o centro.

**8.** ¿Qué tipo de enseñanzas ofrecen las secciones españolas?

   **A)** Educación infantil, primaria, secundaria y formación profesional.

   **B)** Educación infantil, primaria y secundaria.

   **C)** Educación primaria, secundaria y FP.

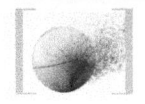

**9.** La parte del currículo cursadas en español constituirán ¿qué tipo de materias?

**A)** Materias troncales de la sección.

**B)** Materias específicas de la sección.

**C)** Materias optativas de la sección.

**10.** ¿Qué nivel de español pueden alcanzar los alumnos al finalizar la educación secundaria superior?

**A)** B1

**B)** A2

**C)** B2

**11.** Las secciones españolas seguirán el calendario escolar...

**A)** Establecido por el Ministerio De Educación y Formación Profesional.

**B)** Establecido en los centros educativos del país correspondiente.

**C)** Establecido en los convenios bilaterales.

**12.** ¿De quién son competencias el establecimiento de los criterios de admisión y permanencia de alumnos?

**A)** Las autoridades educativas del país.

**B)** La Administración española.

**C)** La Consejería de Educación del país.

**13.** La admisión y permanencia del alumno debe responder a criterios de...

**A)** Pluridad lingüística y apertura social.

**B)** Excelencia académica y pluridad social.

**C)** Inclusión social.

**14.** Entre las horas complementarias, los profesores incluirán...

A) Una hora para la reunión de coordinación pedagógica.

B) Una hora para la reunión con la jefatura de estudios.

C) Una hora para la preparación de materiales.

**15.** ¿Cómo podrán completar los docentes sus horarios dentro de las secciones españolas?

A) Con otros programas de la acción educativa española en exterior.

B) Con actividades extraescolares.

C) Con cursos de formación.

**16.** ¿Cómo se denomina el documento institucional de las secciones españolas?

A) Plan general anual.

B) Dossier educativo.

C) Dossier informativo.

**17.** ¿Qué incluirá cada dossier informativo?

A) La organización y el funcionamiento del centro, con referencia a la normativa del país.

B) Pruebas, titulación y acreditación lingüística.

C) Ambas respuestas son correctas.

**18.** ¿Cuándo se debe enviar a la Inspección educativa el documento de organización pedagógica?

A) Antes del 30 de octubre.

B) Antes del 30 de junio.

C) Antes de 10 de julio

**19.** ¿Quién estará al frente de la sección española?

**A)** Un director designado libremente por el Ministerio.

**B)** Un coordinador designado libremente por el Ministerio.

**C)** Un responsable designado libremente por el Ministerio.

**20.** ¿Cuántas reuniones deben celebrar los equipos pedagógicos pertenecientes a la sección?

**A)** Mínimo una reunión al mes.

**B)** Mínimo una reunió a la semana.

**C)** Mínimo una reunión trimestral.

**21.** ¿Cuántas veces celebrará reuniones el coordinador de la sección?

**A)** Al menos una vez al trimestre y una al principio y otra al final del curso.

**B)** Al menos una vez al mes y una al principio y otra al final del curso.

**C)** Al menos una vez a la semana y una al principio y otra al final del curso.

**22.** ¿Señala alguna función del coordinador de la sección?

**A)** Ostentar la dirección del centro ante las autoridades del país correspondiente.

**B)** Mantener las relaciones institucionales entre la consejería de educación y la dirección del centro.

**C)** Ambas respuestas son correctas.

**23.** ¿Quién remite el parte de faltas de asistencia del profesorado a la Consejería de Educación y a la Inspección Educativa?

**A)** El director del centro donde la sección española se integre.

**B)** El coordinador de la sección.

**C)** La jefatura de estudios del centro.

**24.** Las secciones españolas complementarán su oferta educativa con...

**A)** La realización de actividades complementarias y extraescolares de proyección cultural.

**B)** La organización del plan de ampliación cultural.

**C)** La realización de un programa de ampliación lingüística y cultural.

**25.** ¿En qué países podemos encontrar secciones españolas?

**A)** Berlín, Miami, Luxemburgo.

**B)** Nueva York, Irlanda, Turín.

**C)** Miami, Milán, Liverpool.

## TEST Orden EDU/2503/2010

**1.** ¿Qué regula la Orden EDU2503/2010?
   **A)** La organización y el funcionamiento de los centros de titularidad mixta.
   **B)** La suscripción de convenios de colaboración con las secciones bilingües de centros extranjeros.
   **C)** Los criterios y el procedimiento para la suscripción de convenios de colaboración con instituciones titulares de centros extranjeros.

**2.** Para suscribir un convenio de colaboración con el Ministerio de Educación, los centros interesados deberán cumplir con los objetivos y requisitos siguientes:
   **A)** Introducirán, al menos, en el currículo las enseñanzas de lengua, literatura, geografía e historia de España que las autoridades educativas españolas determinen.
   **B)** El profesorado encargado de impartir las materias españolas será funcionario español.
   **C)** Sus enseñanzas y actividades deben estar orientadas a promover la cultura y lengua española.

**3.** Las instituciones o entidades, titulares de centros en el exterior, que reúnan los requisitos y asuman los objetivos generales, deberán aportar la siguiente documentación:
   **A)** Propuesta de un currículo adaptado.
   **B)** Sistema de admisión de alumnos, detallando los requisitos de acceso académicos y económico.
   **C)** Ninguna de las dos respuestas anteriores es correcta.

**4.** ¿Qué organismo o persona analizará la solicitud y elaborará el correspondiente informe?

   **A)** El jefe de la Misión Diplomática.

   **B)** La Secretaría General Técnica del Ministerio de Educación y formación profesional.

   **C)** El Comité de Evaluación y Seguimiento de Centros de Convenio.

**5.** Para elaborar su informe, el Comité considerará también, como prioritarios, los siguientes criterios:

   **A)** Que el centro acredite una trayectoria consolidada como centro de excelencia.

   **B)** Que el centro esté ubicado, sólo en las capitales de los estados que presentan la solicitud.

   **C)** Que haya otro centro de convenio en el mismo país.

**6.** ¿Quién forma parte del Comité de Evaluación y Seguimiento de Centros de Convenio?

   **A)** El jefe de la Misión Diplomática que será su presidente.

   **B)** El subdirector General de Cooperación Internacional, que será su presidente.

   **C)** Un representante de la Subdirección General de Inspección, que actuará de secretario.

**7.** ¿En qué países podemos encontrar centros de convenio?

   **A)** Argentina, Colombia, México, Paraguay, etc.

   **B)** Argentina, Uruguay, Brasil, Guatemala, etc.

   **C)** Argentina, Chile, Perú, Costa Rica, etc.

**8.** ¿Quién se encarga del mantenimiento y rehabilitación de las infraestructuras educativas necesarias para la impartición de las enseñanzas en las adecuadas condiciones de calidad y eficacia, así como la contratación del personal docente, de administración y servicios?

   **A)** Serán por cuenta de los propios centros.

   **B)** Será por cuenta de los convenios bilaterales entre el Estado español y el país donde se ubique el centro.

   **C)** Será por cuenta del Ministerio de educación y formación profesional.

**9.** ¿Qué incluirá el Documento de Organización del Centro, que se debe enviar al Ministerio de Educación y formación profesional?

   **A)** La Programación General Anual y el proyecto educativo.

   **B)** Las programaciones didácticas y el plan de actividades complementarias y extraescolares que promueven la lengua y cultura española.

   **C)** Memoria anual y las programaciones didácticas de las áreas correspondientes a las enseñanzas españolas.

**10.** ¿Qué compromisos y obligaciones tiene el Ministerio de Educación en los centros de convenio?

   **A)** Titulación, formación del profesorado y actividades.

   **B)** Homologación de los títulos.

   **C)** Evaluación del currículo impartido en español.

**11.** Para la obtención del título español de Graduado en Educación Secundaria Obligatoria, los alumnos de los centros con convenio deben cumplir los siguientes requisitos:

**A)** Haber superado los estudios equivalentes del sistema educativo del país de que se trate.

**B)** Haber superado los conocimientos sobre las enseñanzas españolas según los criterios de evaluación determinados por las autoridades españolas.

**C)** Ambas respuestas son correctas.

## TEST ACUERDO MARCO de 16 de mayo de 2005

**1.** ¿Qué regula el Acuerdo Marco de 16 de mayo de 2005?

**A)** Los programas educativos, lingüísticos y culturales en los Centros Escolares de los dos Estados: España y Estados Unidos (Miami).

**B)** Los programas educativos, lingüísticos y culturales en los Centros Escolares de los dos Estados: España y Marruecos.

**C)** Los programas educativos, lingüísticos y culturales en los Centros Escolares de los dos Estados: España y Francia.

**2.** ¿Qué promueve este Acuerdo Marco?

**A)** Programas educativos, lingüísticos y culturales de aprendizaje y perfeccionamiento de la enseñanza de las lenguas y culturas españolas y francesas.

**B)** Programas educativos para centros públicos que fomenten la cultura francesa y española.

**C)** Programas lingüísticos que fomenten los intercambios culturales y lingüísticos.

**3.** ¿Qué ofrece el programa de secciones internacionales de lengua española en los centros escolares franceses?

**A)** Un intercambio del alumnado entre los dos Estados.

**B)** Un conocimiento avanzado de la lengua, la literatura, la historia y la geografía españolas.

**C)** Actividades complementarias y extraescolares que promuevan la cultura y lengua española.

**4.** ¿Quién formará parte de la Comisión Bilateral de Seguimiento Española?

**A)** Tres representantes del Ministerio de Asuntos Exteriores y de Cooperación y del Ministerio de Educación y Formación profesional.

**B)** Tres representantes del Ministerio de Educación y Formación profesional y de la Unidad de Acción Educativa en Exterior.

**C)** Tres representantes del Ministerio de Asuntos Exteriores y de Cooperación.

**5.** ¿Qué funciones tiene la Comisión Bilateral de Seguimiento?

**A)** Evaluación de la aplicación de las disposiciones del presente Acuerdo.

**B)** Aplicación de las disposiciones del presente Acuerdo.

**C)** La coordinación, seguimiento y evaluación de la aplicación de las disposiciones del presente Acuerdo.

## TEST CENTROS DE TITULARIDAD MIXTA

**1.** ¿Qué estudios se reconocen en la Orden de 20 de julio de 2001?

**A)** Los estudios cursados en el Colegio español "Miguel de Cervantes" de Sao Paulo (Brasil).

**B)** Los estudios en el centro hispano-argentino Colegio "Parque de España", de Rosario, Argentina.

**C)** Ambas respuestas son correctas.

**2.** ¿Qué estudios se reconocen en la Orden de 28 de noviembre de 1996?

**A)** Los estudios cursados en el Colegio español"Miguel de Cervantes" de Sao Paulo (Brasil).

**B)** Los estudios en el centro hispano-argentino Colegio "Parque de España", de Rosario, Argentina.

**C)** Ambas respuestas son incorrectas.

**3.** ¿Qué Orden modifica la Orden ECI/1044/2008, de 4 de abril?

**A)** La Orden de 28 de noviembre de 1996.

**B)** La Orden de 20 de julio de 2001.

**C)** Ninguna de las anteriores Ordenes.

**4.** ¿Para propiciar la proyección de la educación y de la cultura españolas y la creación de los centros de titularidad mixta, las Administraciones españolas podrán establecer convenios con qué organismos?

**A)** Únicamente con las Administraciones extranjeras.

**B)** Únicamente con personas físicas o jurídicas de nacionalidad española o extranjera.

**C)** Con Administraciones extranjeras o personas físicas o jurídicas de nacionalidadespañola o extranjera.

**5.** ¿Qué se debe garantizar en los centros de titularidad mixta?

**A)** Que la representación institucional española sea mayoritaria.

**B)** Que la representación institucional española sea de un 50%. en los órganos rectores de los mismos.

**C)** Ambas respuestas son correctas.

**6.** ¿Cuáles son las características de los centros de titularidad mixta?

**A)** Serán dirigidos por funcionarios españoles.

**B)** Tendrán un régimen de gestión pedagógica autónomo.

**C)** Ambas respuestas son correctas.

**7.** ¿Según la tabla de equivalencias establecidas en la Orden de 20 de julio de 2001, entre los estudios del Colegio español "Miguel de Cervantes" y el sistema educativo española qué corresponde la "5ª Serie de Enseñanza Fundamental"?

**A)** 5º de Educación Primaria.

**B)** 6º de Educación Primaria.

**C)** 4º de Educación Primaria.

**8.** ¿Según la tabla de equivalencias, establecidas en la Orden de 20 de julio de 2001, entre los estudios del Colegio español"Miguel de Cervantes" y el sistema educativo española qué corresponde la "8ª Serie de Enseñanza Fundamental"?

**A)** 2° de Educación Secundaria Obligatoria.

**B)** 3° de Educación Secundaria Obligatoria.

**C)** 4° de Educación Secundaria Obligatoria.

## TEST ESCUELAS EUROPEAS LEGISLACIÓN

**1.** ¿Qué establece el convenio hecho en Luxemburgo el 21 de junio de 1994?

   **A)** La organización y el funcionamiento de las Escuelas Europeas.

   **B)** El Estatuto de las Escuelas Europeas.

   **C)** La regulación de las Escuelas Europeas.

**2.** ¿Qué organismo decidirá acerca de la creación de nuevas Escuelas?

   **A)** El Consejo Superior.

   **B)** La Subdirección General de Cooperación.

   **C)** La Comunidad Europea en colaboración con el estado español.

**3.** ¿Qué enseñanzas podrán incluir las Escuelas Europeas?

   **A)** Un ciclo preescolar y un ciclo primario de cinco años de enseñanza.

   **B)** Un ciclo preescolar; un ciclo primario de cinco años de enseñanza y/o un ciclo secundario de siete años de enseñanza.

   **C)** Educación primaria y Educación secundaria obligatoria.

**4.** ¿Qué lenguas podrán utilizar en los estudios de las Escuelas Europeas?

**A)** Alemán. Ruso. Español. Francés. Griego. Inglés. Italiano. Neerlandés. Portugués

**B)** Alemán. Danés. Español. Francés. Griego. Inglés. Italiano. Neerlandés. Rumano.

**C)** Alemán. Danés. Español. Francés. Griego. Inglés. Italiano. Neerlandés. Portugués.

**5.** ¿A qué Escuelas se aplica el presente Estatuto?

**A)** Escuela Europea de Culham, de Bergen. de Bruselas I. Bruselas II. de Bruselas III (1), de Karlsruhe.

**B)** Escuela Europea de Luxemburgo. de Mol. de Munich y de Varese.

**C)** Ambas respuestas son correctas.

**6.** ¿Qué órganos serán comunes para el conjunto de las Escuelas?

**A)** El Consejo Superior; el secretario general;. los Consejos de inspección y la Sala de Recursos.

**B)** El Consejo Superior; el secretario general y los Consejos de inspección.

**C)** El Consejo Superior; el secretario general y la Sala de Recursos.

**7.** ¿Qué miembros constituirán el Consejo Superior?

**A)** El representante o representantes a nivel ministerial de cada uno de los Estados miembros de las Comunidades Europeas, un miembro de la Comisión de las Comunidades Europeas; un representante designado por el Comité del Personal procedente del cuerpo docente y un representante designado por las Asociaciones de Padres de Alumnos.

**B)** Un miembro de la Comisión de las Comunidades Europeas; un representante designado por el Comité del Personal procedente del cuerpo docente y un representante designado por las Asociaciones de Padres de Alumnos.

**C)** El representante o representantes a nivel ministerial de cada uno de los Estados miembros de las Comunidades Europeas, un miembro de la Comisión de las Comunidades Europeas y un representante designado por las Asociaciones de Padres deAlumnos.

**8.** Las decisiones del Consejo Superior se tomarán por los miembros que lo integran. ¿En qué porcentaje?

**A)** Más de mitad.

**B)** Mayoría de dos tercios.

**C)** Un tercio.

**9.** ¿Qué elaborará el Consejo Superior?

**A)** Un proyecto sobre el funcionamiento de las Escuelas.

**B)** Un informe sobre el funcionamiento y organización de la Escuela.

**C)** El Reglamento general de las Escuelas.

**10.** ¿Quién establecerá los programas y horarios armonizados de cada curso y de cada sección?

**A)** El Consejo de Inspección.

**B)** El Consejo Superior.

**C)** Ninguna de las dos respuestas es correcta.

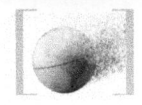

**11.** En materia administrativa, el Consejo Superior:

**A)** Nombrará al director y a los directores adjuntos de cada Escuela.

**B)** Designará al secretario general y al secretario general adjunto.

**C)** Ambas respuestas son correctas.

**12.** ¿Cuántos Consejos de Inspección se crean en las Escuelas?

**A)** Dos: uno para la sección de preescolar y el ciclo primario, y otro para el ciclo secundario.

**B)** Uno, común para todos los ciclos.

**C)** Tres: uno para la sección de preescolar, uno para el ciclo primario, y otro para el ciclo secundario.

**13.** ¿Cuál es el cometido de los Consejos de Inspección?

**A)** Velar por la calidad de la enseñanza que impartan las Escuelas

**B)** Velar por la gestión pedagógica y económica de las Escuelas.

**C)** Velar por los resultados de las enseñanzas impartidas en las Escuelas.

**14.** ¿Qué miembros incluirá el Consejo de Administración?

**A)** El secretario general, el director de la Escuela. el representante de la Comisión de las Comunidades Europeas; dos miembros del cuerpo docente y dos miembros que representen a las Asociaciones de Padres de Alumnos .

**B)** El secretario general, el director de la Escuela. dos miembros del cuerpo docente, dos miembros que representen a las Asociaciones de Padres de Alumnos y un representante del personal administrativo y de servicios.

**C)** El secretario general, el director de la Escuela, tres el representante de la Comisión de las Comunidades Europeas; dos miembros del cuerpo docente, dos miembros que representen a las Asociaciones de Padres de Alumnos y un representante del personal administrativo y de servicios.

**15.** ¿Qué cometido tiene El Consejo de Administración?

**A)** Preparará el estado de previsión de los ingresos y gastos de la Escuela

**B)** Elaborará sus cuentas anuales de gestión.

**C)** Ambas respuestas son correctas.

**16.** ¿Qué miembros forman el Comité de Personal?

**A)** El director, los representantes elegidos del cuerpo docente y del personal administrativo y de servicios de cada Escuela.

**B)** Los representantes elegidos del cuerpo docente y del personal administrativo y de servicios de cada Escuela.

**C)** El director y los representantes elegidos del cuerpo docente de cada Escuela.

**17.** ¿Qué es una Sala de Recursos?

**A)** Un espacio virtual donde se crean recursos educativos en abierto.

**B)** Un organismo formado sólo por aquellas personas que figuren en una lista establecida a tal fin por el Tribunal de Justicia de las Comunidades Europeas.

**C)** Ninguna de las respuestas anteriores es correcta.

**18.** El año escolar en las Escuelas Europeas

A) No puede comenzar antes del segundo día laborable del mes de septiembre.

B) Puede comenzar antes del segundo día laborable del mes de septiembre.

C) Debe comenzar a partir del tercer día laborable de septiembre.

**19.** ¿Quién ejerce la Presidencia del Consejo Superior de las Escuelas Europeas?

A) Un miembro de la Comisión de las Comunidades Europeas.

B) Un representante designado por el Comité del Personal procedente del cuerpo docente.

C) Un representante de cada Estado miembro, durante un período de un año y por turno de acuerdo con un orden establecido.

**20.** Las decisiones de repetición tomadas por los Consejos de clase de las Escuelas Europeas...

A) Pueden ser recurridas por los alumnos o por sus representantes legales.

B) No pueden ser recurridas ni por los alumnos ni por sus representantes legales.

C) No pueden ser recurridas por los representantes legales, salvo en caso de error de forma o hecho nuevo reconocido por la Secretaría General.

## TEST INSTITUTO CERVANTES Y DELE

**1.** ¿Qué establece el Real Decreto 826/1988?

A) Establece la creación del Instituto Cervantes.

B) Establecen Diplomas acreditativos del conocimiento del español como lengua extranjera.

C) Regulan los diplomas de español como lengua extranjera.

**2.** ¿A quiénes van destinados los Diplomas de Español como lengua extranjera?

A) Se destinan exclusivamente a personas extranjeras cuya lengua materna no sea el español.

B) A cualquier persona que desea adquirir dicho diploma.

C) Al alumnado de las Agrupaciones de Lengua y cultura española.

**3.** ¿Qué tipo de diplomas hay?

A) Diploma Básico de Español como Lengua Extranjera y Diploma Superior de Español como Lengua Extranjera.

B) Diploma Básico de Español como Lengua Extranjera y Diploma Intermedio de Español como Lengua Extranjera.

C) Diploma Básico de Español como Lengua Extranjera, Diploma Intermedio de Español como Lengua Extranjera y Diploma Superior de Español como Lengua Extranjera.

**4.** ¿Quién expedirá Los Diplomas de Español como Lengua Extranjera?

    **A)** El Instituto Cervantes y el Ministerio de Educación y formación profesional.

    **B)** El Ministerio de Educación y formación profesional y la Unidad de Acción Educativa Exterior.

    **C)** El Ministerio de Educación y formación profesional.

**5.** ¿Dónde se pueden realizar las pruebas de examen conducentes a la obtención de los Diplomas de Español como Lengua Extranjera?

    **A)** Sólo en Instituciones españolas públicas o privadas autorizadas al efecto.

    **B)** Instituciones extranjeras públicas o privadas con las que el Estado español concierte fórmulas de colaboración a este respecto.

    **C)** En Instituciones españolas públicas o privadas autorizadas al efecto y en Instituciones extranjeras públicas o privadas con las que el Estado español conciertefórmulas de colaboración a este respecto.

**6.** ¿Qué funciones tiene el Consejo Rector?

    **A)** Crear las pruebas de examen para la obtención de los Diplomas de Español como Lengua Extranjera.

    **B)** Designar los Centros en los que podrán realizarse las pruebas de examen para la obtención de los Diplomas de Español como Lengua Extranjera.

    **C)** Establecer los criterios para la elaboración de las pruebas de examen.

**7.** Entre los miembros del Consejo Asesor habrá:

    **A)** Dos Profesores de Lengua Española de las Escuelas Oficiales de Idiomas, designados a propuesta del director general de Centros Escolares.

**B)** Dos Profesores universitarios de Lengua Española, designados a propuesta del Consejo de Universidades.

**C)** Ambas respuestas son correctas.

**8.** Las pruebas del examen conducentes a la obtención del Diploma Básico de español como Lengua Extranjera, comprenderá:

**A)** Comprensión y expresión oral, comprensión y expresión escrita y conocimiento de la cultura española.

**B)** Comprensión y expresión oral y comprensión y expresión escrita.

**C)** Ninguna de las dos respuestas es correcta.

**9.** Lectura de artículos de prensa, publicaciones y comunicados y reproducción o resumen de los mismos, formará parte ¿de qué diploma?

**A)** Diploma Superior de español como Lengua Extranjera.

**B)** Diploma Intermedio de español como Lengua Extranjera.

**C)** Diploma Básico de español como Lengua Extranjera.

**10.** Real Decreto 1/1992, de 10 de enero, por el que se modifican y completan determinados artículos del Real Decreto 826/1988, de 20 de julio, por el que se establecen diplomas acreditativos del conocimiento del español como lengua extranjera, modifica los tipos de diplomas y establece:

**A)** Un diploma elemental, que se denominará Certificado Inicial de español como Lengua Extranjera; el diploma intermedio de español como lengua extranjera y el diploma superior de español como lengua extranjera.

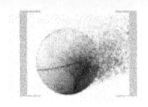

**B)** Un diploma básico, que se denominará Certificado Inicial de español como Lengua Extranjera; el diploma intermedio de español como lengua extranjera y el diploma superior de español como lengua extranjera.

**A)** Un diploma elemental, que se denominará Certificado Inicial de español como Lengua Extranjera; el diploma básico de español como lengua extranjera y el diplomasuperior de español como lengua extranjera.

**11.** Según el RD 1/1992 en qué lugares se pondrán realizar las pruebas del examen para la obtención de los diplomas en español como lengua extranjera.

**A)** Los Centros del Instituto Cervantes; los Centros docentes a través de los cuales se ejerce la acción educativa española en el exterior; las Instituciones públicas o privadas, relacionadas con la enseñanza del español, con las que se conciertan fórmulas de colaboración a este respecto, fuera de España.

**B)** Escuelas Oficiales de Idiomas autorizadas al efecto, en España; los Centros docentes a través de los cuales se ejerce la acción educativa española en el exterior; las Instituciones públicas o privadas, relacionadas con la enseñanza del español, con las que se conciertan fórmulas de colaboración a este respecto, fuera de España.

**C)** Los Centros del Instituto Cervantes; las Universidades y Escuelas Oficiales de Idiomas autorizadas al efecto, en España;; las Instituciones públicas o privadas, relacionadas con la enseñanza del español, con las que se conciertan fórmulas de colaboración a este respecto, fuera de España.

**12.** ¿Qué miembros forman el Consejo Rector según el RD 1/1992?

**A)** El Subsecretario del Ministerio de Educación y Ciencia; el Director General de Relaciones Culturales y Científicas del Ministerio de Asuntos Exteriores; el Secretario General Técnico del Ministerio de Educación y Ciencia ; el Director General de Cooperación Cultural del Ministerio de Cultura; el Secretario General del Consejo de Universidades; el Secretario General del Instituto Cervantes; Seis personalidades de reconocido prestigio en el ámbito de la lengua española, designados por el Ministro de Educación y Ciencia; el Subdirector General de Cooperación Internacional del Ministerio de Educación y Ciencia; el Subdirector General de Cooperación Cultural Internacional del Ministerio de Asuntos Exteriores y un funcionario de la Subdirección General de Cooperación Internacional del Ministerio de Educación y Ciencia, que actuará de secretaría, con voz pero sin voto.

**B)** El Subsecretario del Ministerio de Educación y Ciencia; el Secretario General Técnico del Ministerio de Educación y Ciencia ; el Director General de Cooperación Cultural del Ministerio de Cultura; el Secretario General del Consejo de Universidades; elSecretario General del Instituto Cervantes; Seis personalidades de reconocido prestigio en el ámbito de la lengua española, designados por el Ministro de Educación y Ciencia; el Subdirector General de Cooperación Internacional del Ministerio de Educación y Ciencia; el Subdirector General de Cooperación Cultural Internacional del Ministerio de Asuntos Exteriores y un funcionario de la Subdirección General de Cooperación Internacional del Ministerio de Educación y Ciencia, que actuará de secretaría, con voz pero sin voto.

**C)** El Director General de Relaciones Culturales y Científicas del Ministerio de Asuntos Exteriores; el Secretario General Técnico del Ministerio de Educación y Ciencia ; el Director General de Cooperación Cultural del Ministerio de Cultura; el Secretario General del Consejo de

Universidades; el Secretario General del Instituto Cervantes; Seis personalidades de reconocido prestigio en el ámbito de la lengua española, designados por el Ministro de Educación y Ciencia; el Subdirector General de Cooperación Internacional del Ministerio de Educación y Ciencia; el Subdirector General de Cooperación Cultural Internacional del Ministerio de Asuntos Exteriores y un funcionario de la Subdirección General de Cooperación Internacional del Ministerio de Educación y Ciencia, que actuará de secretaría, con voz pero sin voto.

**13.** ¿Qué funciones tendrá el Consejo Asesor?

**A)** Actuar como Tribunal Central de los exámenes y establecer los criterios de evaluación de los exámenes.

**B)** Actuar como Tribunal Central de los exámenes y señalar los criterios técnicos que deben presidir la elaboración, aplicación y evaluación de las pruebas de examen.

**C)** Señalar los criterios técnicos que deben presidir la elaboración, aplicación y evaluación de las pruebas de examen y decidir sobre los centros donde se desarrollan las pruebas.

**14.** ¿Qué Real decreto modifica el Real Decreto 1137/2002, de 31 de octubre, por el que se regulan los diplomas de español como lengua extranjera?

**A)** Real Decreto 264/2010, de 22 de febrero.

**B)** Real Decreto 284/2008, de 22 de febrero.

**C)** Real Decreto 264/2008, de 22 de febrero.

**15.** Según el Real Decreto 264/2008, de 22 de febrero, por el que se modifica el Real Decreto 1137/2002, de 31 de octubre, por el que se regulan los diplomas de español como lengua extranjera, ¿qué se va a tener en cuenta para establecer los seis niveles para la certificación de las lenguas?

A) Plan Curricular del Instituto Cervantes.

B) Las Instrucciones establecidas por el Ministerio de Educación y formación profesional.

C) Marco común europeo de referencia para las lenguas.

**16.** ¿En qué normativa legal se estipula la creación del Instituto Cervantes?

A) RD 1137/2002, de 31 de octubre

B) Ley 7/1991, de 21 de marzo.

C) RD 826/1988, de 20 de julio.

**17.** ¿Bajo qué Alto Patrocinio se encuentra el Instituto Cervantes?

A) SS. MM. los Reyes de España.

B) La Ministra de Educación y formación profesional.

C) El Subdirección General de Asuntos Exteriores y cooperación.

**18.** ¿A qué Ministerio está adscrito el Instituto Cervantes?

A) Ministerio de Educación y formación profesional.

B) Ministerio de Asuntos Exteriores.

C) Ministerio de Educación y en los temas administrativos con el Ministerio deAsuntos exteriores y cooperación.

**19.** ¿Qué objetivos tiene el Instituto Cervantes?

   **A)** Promover universalmente la enseñanza, el estudio y el uso del español y fomentar cuantas medidas y acciones contribuyan a la difusión y la mejora de la calidad de estas actividades.

   **B)** Contribuir a la difusión de la cultura en el exterior en coordinación con los demás órganos competentes de la Administración del Estado.

   **C)** Ambas respuestas son correctas.

**20.** ¿Cuáles son los órganos rectores del Instituto Cervantes son?

   **A)** El Consejo de Administración y el director.

   **B)** El Patronato, el Consejo de Administración y el director.

   **C)** El Patronato, el Consejo de Administración, el director y Los ministros de Asuntos Exteriores, de Educación y Ciencia y de Cultura.

**21.** ¿Quién sustenta la Presidencia de honor del Patronato?

   **A)** Su Majestad el Rey.

   **B)** Presidente del Gobierno.

   **C)** El Ministro de Asuntos Exteriores.

**22.** ¿A quién corresponde aprobar los planes generales de actividades del Instituto y los programas de ayudas y subvenciones, así como los criterios básicos para su otorgamiento?

   **A)** Al Consejo Rector.

   **B)** Al Consejo de Administración.

   **C)** Al director del Instituto Cervantes.

**23.** ¿Quién nombrará al director del Instituto Cervantes?'

A) El ministro de Asuntos Exteriores.

B) El ministro de Asuntos Exteriores junto a la ministra de Educación y Ciencia y de Cultura.

C) El Consejo de ministros.

**24.** ¿Quién fijará los precios de las actividades del Instituto?

A) El Consejo de ministros.

B) El Consejo de Administración.

C) El Consejo Rector.

**25.** ¿Quién nombrará al Secretario general del Instituto?

A) El ministro de Asuntos Exteriores.

B) La ministra de educación y formación profesional.

C) El Patronato.

**26.** ¿Qué establece la Resolución de 12 de noviembre de 2020?

A) Publica el Convenio entre el Ministerio de Educación, Cultura y Deporte y el Instituto Cervantes, para colaborar en la realización de los «Diplomas de español como lengua extranjera (DELE)» en Estados Unidos y Canadá.

B) Modifica el Reglamento del Instituto Cervantes, aprobado por Real Decreto 1526/1999, de 1 de octubre.

C) Publica el Convenio entre el Ministerio de Educación y Formación Profesional y el Instituto Cervantes, para la coordinación de acciones en el exterior.

**27.** ¿Qué marco legal publica el Convenio entre el Ministerio de Educación, Cultura y Deporte y el Instituto Cervantes, para colaborar en la realización de los «Diplomas de español como lengua extranjera (DELE)» en Estados Unidos y Canadá?

   **A)** La Resolución de 12 de noviembre de 2020.

   **B)** Resolución de 17 de abril de 2018.

   **C)** Real Decreto 775/2012.

**28.** Según la Resolución de 12 de noviembre de 2020 "las actuaciones derivadas del presente Convenio estarán orientadas por los siguientes principios de actuación:"

   **A)** Difusión del Español, apoyo mutuo, unidad de Acción, eficiencia, planificación y calidad.

   **B)** Difusión del Español, cooperación efectiva, apoyo mutuo, unidad de Acción, eficiencia, planificación y calidad.

   **C)** Cooperación efectiva, apoyo mutuo, unidad de Acción, eficiencia, planificación y calidad.

**29.** Según la Resolución de 12 de noviembre de 2020, El Ministerio de Educación y formación profesional y el Instituto Cervantes asumen los compromisos siguientes referidos a las siguientes áreas de actuación:

   **A)** Certificación ELE y Diplomas de español como lengua.

   **B)** Formación del profesorado de español.

   **C)** Ambas respuestas son correctas.

**30.** Según el Real Decreto 775/2012, de 4 de mayo, por el que se modifica el Reglamento del Instituto Cervantes, aprobado por Real Decreto 1526/1999, de 1 de octubre, qué dos novedades se introducen:

**A)** Actualizar la composición de los órganos colegiados que rigen la vida del Instituto.

**B)** Configurar los órganos unipersonales del Instituto: el director y el Consejo de Administración.

**C)** Ninguna de las respuestas anteriores es correcta.

## TEST Orden EDU/1720/2011

**1.** ¿Qué estudios se reconocen en la Orden EDU/1720/2011?

　**A)** Los estudios cursados en las Secciones Españolas en otros estados.

　**B)** Los estudios cursados en las Secciones bilingües en otros estados.

　**C)** Los estudios cursados en la Sección Española del Programa de Estudios Internacionales del Distrito Escolar Público del Condado de Miami-Dade, Estados Unidos de América.

**2.** ¿Qué título obtendrán quienes superen el grado 10° de la etapa educativa de High School en la Sección Española del Programa de Estudios Internacionales?

　**A)** El título de Graduado en Educación Secundaria Obligatoria, siempre que acrediten que han superado las materias de ese curso y, expresamente, las asignaturas impartidas conforme al programa curricular español.

　**B)** El título de Bachiller, siempre que acrediten que han superado las materias de ese curso y, expresamente, las asignaturas impartidas conforme al programa curricular español.

　**C)** Ninguna de las dos respuestas es correcta.

**3.** ¿Según la Orden EDU/1720/2011, y la tabla de equivalencias establecida en la dicha orden a qué corresponde el 8° grado de Middle or Junior High School?

　**A)** 1° de Educación Secundaria Obligatoria.

　**B)** 3.° de Educación Secundaria Obligatoria.

　**C)** 2.° de Educación Secundaria Obligatoria.

## TEST RD 264/2008

**1.** ¿Qué regula o modifica el RD 264/2008?

　**A)** Modifica el acuerdo Marco de 10 de enero 2008 sobre la doble titulación de Bachiller.

　**B)** Modifica el Real Decreto 1137/2002, de 31 de octubre, por el que se regulan los diplomas de español como lengua extranjera.

　**C)** Ninguna de las dos respuestas es correcta.

**2.** ¿Cuál es el organismo que tiene encomendada la dirección académica, administrativa y económica de los diplomas de español como lengua extranjera (DELE)?

　**A)** Servicio Español Para la Internacionalización de la Educación (SEPIE).

　**B)** International Spanish Academies (ISA).

　**C)** Instituto Cervantes.

**3.** ¿Cuántos niveles encontramos en los diplomas de español como lengua extranjera (DELE)?

　**A)** 5

　**B)** 6

　**C)** 4

**4.** ¿Qué acredita el diploma de español nivel B1?

　**A)** Comprender los puntos principales de textos orales y escritos; producir asimismo textos sencillos y coherentes sobre temas conocidos o que sean de interés personal.

　**B)** Comprender y utilizar expresiones cotidianas de uso frecuente en todo el ámbito hispánico.

　**C)** Realizar intercambios comunicativos sencillos y directos sobre aspectos conocidos o habituales y

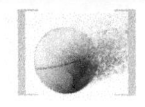

**5.** ¿En qué nivel se acredita la capacidad del usuario de la lengua para desenvolverse en cualquier situación en la que se requiera comprender prácticamente todo lo que se oye o se lee?

    **A)** C1

    **B)** C2

    **C)** B2

**6.** ¿Con qué organismos colaborará el Instituto Cervantes?

    **A)** Ministerio de Asuntos Exteriores y Cooperación.

    **B)** Ministerio de Educación y Formación profesional.

    **C)** Ambas respuestas son correctas

**7.** ¿A quién debe remitir el Instituto Cervantes las relaciones certificadas de los diplomas expedidos a quienes hayan superado las correspondientes pruebas?

    **A)** A la Consejería de Educación del país correspondiente.

    **B)** A la Secretaría General Técnica del Ministerio de Educación y formación Profesional.

    **C)** A la Unidad de Acción Educativa Exterior.

**8.** Los diplomas de españolnivel A2 y nivel B1 darán derecho a acceder ¿a qué nivel?

    **A)** Al nivel Intermedio y al nivel Avanzado de las enseñanzas de las escuelas oficiales de idiomas.

    **B)** Al nivel Intermedio de las enseñanzas de las escuelas oficiales de idiomas.

    **C)** Al nivel Avanzado de las enseñanzas de las escuelas oficiales de idiomas.

**9.** ¿Qué significan las siglas SICELE?

**A)** Secretaria Internacional de Certificación del español como Lengua Extranjera.

**B)** Sistema Certificación del español como Lengua Extranjera.

**C)** Sistema Internacional de Certificación del español como Lengua Extranjera.

**10.** El Instituto Cervantes podrá proponer el establecimiento de otros niveles con el fin de responder a nuevas demandas o para uniformar contenidos y criterios de evaluación.

**A)** Si, si hay acuerdos bilaterales con los estados donde se ubiquen.

**B)** No, porque eso corresponde al Ministerio de Educación y formación profesional.

**C)** Si, porque corresponde al Instituto Cervantes la dirección académica, administrativa y económica de los "diplomas de español como lengua extranjera (DELE).

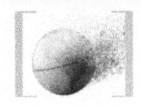

## TEST RD 1137/2002

**Lee atentamente y contesta las preguntas (sólo una respuesta es válida).**

**1.** ¿Qué regula dicho el Real Decreto 1137/2002?

   **A)** La Acción educativa española en exterior.

   **B)** Los diplomas de español como lengua extranjera (DELE).

   **C)** La organización y el funcionamiento de los centros de titularidad española en exterior.

**2.** ¿Qué funciones tiene el Instituto Cervantes en relación con los diplomas?

   **A)** Es el responsable de la dirección académica, administrativa y económica.

   **B)** Firmar acuerdos con universidades, instituciones y centros colaboradores para realizar las pruebas de examen.

   **C)** Ambas respuestas son correctas.

**3.** ¿A quién le corresponde determinar las directrices generales reguladoras de la dimensión académica de los diplomas?

   **A)** Al director del Instituto Cervantes.

   **B)** A la secretaria técnica del Ministerio de Educación y formación profesional.

   **C)** Al Consejo de Administración del Instituto Cervantes.

4. Los antiguos diplomas de español en sus niveles inicial, intermedio y superior equivaldrán, a todos los efectos, a los diplomas previstos en el presente real decreto, en los siguientes términos:

   A) El diploma de español (nivel intermedio) equivaldrá al diploma de español (nivel A2).

   B) El diploma de español (nivel superior) equivaldrá al diploma de español (nivel B2).

   C) El diploma de español(nivel superior) equivaldrá al diploma de español(nivel C2).

5. ¿Qué personas pueden obtener los diplomas de español como lengua extranjera (DELE)?

   A) Aquellos candidatos que hayan superado las pruebas de examen establecidas.

   B) Todos los alumnos que hayan terminado su trayectoria escolar en las aulas de lengua y cultura españolas.

   C) Ninguna de las respuestas es correcta.

## TEST Real Decreto 102/2010

**1.** ¿Qué regula el RD 102/2010?

**A)** La ordenación de las enseñanzas relativas a la titulación de Bachiller en centros docentes españoles.

**B)** La ordenación de las enseñanzas relativas a la doble titulación de Educación Secundaria Obligatoria en centros docentes españoles.

**A)** La ordenación de las enseñanzas relativas a la doble titulación de Bachiller y de Baccalauréat en centros docentes españoles.

**2.** ¿En qué año se desarrolló el Acuerdo de doble titulación entre el Gobierno del Reino de España y el Gobierno de la República Francesa?

**A)** El 10 de enero de 2008.

**B)** El 16 de mayo de 2005.

**A)** El 5 septiembre de 2010.

**3.** ¿Qué tipo de currículo debe establecer los centros escolares españoles que deseen ofrecer las enseñanzas conducentes a la doble titulación de Bachiller y Baccalauréat?

**A)** Un currículo adaptado.

**B)** Un currículo flexible y abierto.

**A)** Un currículo mixto.

**4.** Las materias específicas del currículo mixto incluirán...

**A)** la lengua, literatura y cultura francesas.

**B)** la lengua, literatura y cultura francesas y s y, al menos, una materia no lingüística del ámbito de las ciencias sociales o del ámbito científico.

**A)** al menos, una materia no lingüística del ámbito de las ciencias sociales o del ámbito científico.

**5.** ¿Las enseñanzas de este currículo mixto deberán permitir que el alumnado alcance al final de la etapa qué nivel según el MCRFL?

   **A)** B2

   **B)** B1

   **A)** C1

**6.** ¿Qué alumnos podrán ser admitidos en estos programas?

   **A)** Los que han cursado la Educación secundaria obligatoria en una sección bilingüe hispano-francesa.

   **B)** Los que puedan acreditar un nivel equivalente al B1 en el uso de la lengua francesa al comienzo del Bachillerato.

   **A)** Ambas respuestas son correctas.

**7.** Al final del segundo curso de Bachillerato el alumnado que desee obtener la doble titulación realizará una prueba externa...

   **A)** sobre las materias específicas del currículo mixto, íntegramente en lengua francés.

   **B)** sobre todas las materias del currículo mixto.

   **A)** sólo sobre aquellas materias relacionadas con la lengua francesa.

**8.** En la evaluación final de la calificación del Baccalauréat ¿qué porcentaje recibirán las materias específicas?

   **A)** un 40%.

   **B)** un 30%.

   **C)** un 50%.

**9.** ¿Quién formará parte de la Comisión técnica?

**A)** Dos representantes del Ministerio de Educación, y tres representantes de las comunidades autónomas, cuyos centros impartan el currículo mixto.

**B)** Tres representantes del Ministerio de Educación, y tres representantes de las comunidades autónomas, cuyos centros impartan el currículo mixto.

**C)** Dos representantes del Ministerio de Educación, y dos representantes de las comunidades autónomas, cuyos centros impartan el currículo mixto.

**10.** ¿Cuándo se ha hecho el Acuerdo Marco entre el Gobierno del Reino de España y el Gobierno de la República Francesa sobre los programas educativos, lingüísticos y culturales en los Centros Escolares de los dos Estados?

**A)** Acuerdo marco de 10 de enero de 2008.

**B)** Acuerdo marco de 16 de mayo de 2008.

**C)** Acuerdo marco de 16 de mayo de 2005.

## TEST RESOLUCIÓN 20 DE JUNIO 2011

**1.** ¿Qué regula la Resolución de 20 de junio 2011?

**A)** La planificación, la organización, el funcionamiento y las actividades de finalización de curso de las enseñanzas complementarias de lengua y cultura españolas para alumnos españoles residentes en el exterior.

**B)** El currículo de la Sección Española del Programa de Estudios Internacionales del Distrito Escolar Público del Condado de Miami-Dade del Estado de Florida (Estados Unidos).

**C)** Las orientaciones curriculares de las enseñanzas de «Lengua Española y Literatura» y de «Geografía e Historia de España» para los programas de educación en el exterior que, en el marco de sistemas educativos extranjeros, conducen a la obtención de los títulos españoles de Graduado en Educación Secundaria Obligatoria y de Bachiller.

**2.** Con carácter general, los alumnos que deseen continuar estudios o incorporarse al programa deberán cumplir los siguientes requisitos generales:

**A)** Estar escolarizados en los niveles educativos anteriores a la universidad del sistema escolar reglado de un país extranjero.

**B)** No haber causado baja en una agrupación de Lengua y Cultura Españolas (ALCE) por ausencias injustificadas.

**C)** Ambas respuestas son correctas

**3.** ¿Qué documentos deben aportar los alumnos de nueva inscripción?

**A)** Certificación consular u otro documento que acredite fehacientemente la nacionalidad española de alguno de sus familiares.

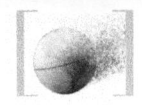

**B)** Documento acreditativo de los estudios que cursa en la enseñanza reglada.

**C)** Pasaporte u otro documento de identidad que acredite la nacionalidad española desus padres.

**4.** ¿Quién resuelve cada solicitud de inscripción en ALCE?

**A)** La Comisión Técnica.

**B)** El director de la agrupación.

**C)** La Consejería de Educación donde está adscrita la agrupación

**5.** ¿Qué criterios debe tener en cuenta el director la ubicación de las aulas de ALCE?

**A)** Ubicar las aulas en ciudades grandes, capitales.

**B)** Se ubicarán solamente en centros escolares que imparten español.

**C)** Se ubicarán, preferentemente, en centros escolares.

**6.** ¿Qué medirá la prueba para los alumnos de nueva inscripción?

**A)** La competencia de los alumnos en las cuatro destrezas (comprensión y expresión oral y escrita.

**B)** La comprensión y expresión oral y escrita y conocimientos de la cultura española.

**C)** La competencia oral para aquellos alumnos que tienen dificultades de comprensióny expresión escrita.

**7.** ¿Quién envía la propuesta de las aulas y grupos que vayan a funcionar en el curso siguiente, indicando el número de alumnos de cada grupo y su asignación a los diferentes profesores de la agrupación y en qué fechas?

**A)** El director de la agrupación y debe enviar la propuesta antes del 31 de mayo (30 de noviembre en Australia.

**B)** Las Consejerías de Educación y deben enviar la propuesta antes del 31 de mayo (30 de noviembre en Australia.

**C)** Las Consejerías de Educación y deben enviar la propuesta antes del 31 de junio (30 de diciembre en Australia.

**8.** ¿Qué implica la enseñanza semipresencial de las ALCE?

**A)** Recibir el 50% de las enseñanzas de manera presencial y el otro 50% en línea.

**B)** Recibir un tercio de las enseñanzas de forma online.

**C)** Recibir el 60% de las enseñanzas de manera presencial y el otro 40% en línea.

**9.** Se podrán planificar periodos presenciales de dos horas en los grupos con más de dos niveles siempre que se cumplan las siguientes condiciones:

**A)** Que se aplique únicamente a los grupos con más de tres subniveles (A1, A2.1, … C1.3) de distintos niveles (A1, A2, … C1).

**B)** Que todos los alumnos reciban las dos horas semanales de enseñanza presencial.

**C)** Ambas respuestas son correctas.

**10.** La enseñanza en línea será impartida en la plataforma virtual denominada…

**A)** "Aula virtual ALCE".

**B)** "CIDEAD ALCE2".

**C)** "Aula Internacional".

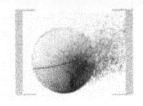

**11.** ¿Quién designará a los tutores en línea?

    **A)** Los directores de la agrupación.

    **B)** La Comisión Técnica.

    **C)** Las Consejerías de educación.

**12.** ¿Cuántos alumnos podrá atender el tutor en línea?

    **A)** Mínimo de 30 y un máximo de 120 alumnos.

    **B)** Mínimo de 50 y un máximo de 160 alumnos.

    **C)** Mínimo de 50 y un máximo de 150 alumnos.

**13.** ¿Cuántas horas lectivas semanales podrá tener el tutor en línea si atiende a 131 - 160 alumnos?

    **A)** 6 horas en niveles A y 7 horas en niveles B y C.

    **B)** 5 horas en niveles A y 6 horas en niveles B y C.

    **C)** 6 horas en niveles A y 8 horas en niveles B y C.

**14.** Los profesores presenciales de la agrupación llevarán a cabo las siguientes funciones:

    **A)** Tramitar las nuevas inscripciones.

    **B)** Diseñar, evaluar y aplicar las pruebas presenciales.

    **C)** Ambas respuestas son correctas.

**15.** ¿Quién constituirá la Comisión Técnica?

    **A)** El Jefe de la Misión Diplomática.

    **B)** La Unidad de Acción Educativa Exterior.

    **A)** El Consejero de Educación.

**16.** La Comisión Técnica tendrá las siguientes funciones:

**A)** Establecer criterios y procedimientos metodológicos para la coordinación de las enseñanzas presenciales y no presenciales en el Aula Internacional.

**B)** Establecer criterios y procedimientos generales para la coordinación de las enseñanzas presenciales y no presenciales en el Aula Internacional.

**A)** Establecer los objetivos de las enseñanzas presenciales y no presenciales en el Aula Internacional.

**17.** ¿Qué elementos contenderá la planificación curricular?

**A)** Los objetivos generales en relación con las enseñanzas de lengua y cultura españolas, y su secuenciación a lo largo de los seis cursos.

**B)** Los estándares de aprendizaje para determinar la superación de los objetivos establecidos.

**C)** Los objetivos generales en relación con las enseñanzas de lengua y cultura españolas, y su secuenciación a lo largo de los diez cursos.

**18.** ¿Cuántas horas podrán computar los profesores por pertenencia a la Comisión Técnica?

**A)** Una hora semanal.

**B)** Dos horas semanales.

**C)** Dos horas semanales si tienen encomendadas tareas administrativas.

**19.** ¿Qué funciones tendrán los coordinadores de nivel?

**A)** Evaluar a los profesores de su nivel sobre la gestión, seguimiento y evaluación de los cursos virtuales.

**B)** Asesorar a los profesores de su nivel sobre la gestión, seguimiento y evaluación de los cursos virtuales.

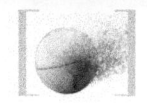

C) Asesorar a los profesores de su nivel sobre la gestión, seguimiento y evaluación delos cursos presenciales.

**20. ¿Qué funciones tendrán los equipos docentes?**

A) Elaborar la memoria de la agrupación.

B) Establecer las actividades complementarias, extraescolares y de difusión de la lengua y cultura españolas.

C) EStablecer los criterios para fomentar la innovación y la experimentación educativa

**21. ¿En qué fechas enviarán los consejeros de educación los horarios del profesorado?**

A) Antes del 30 de octubre del curso escolar correspondiente (30 de marzo en Australia).

B) Antes del 20 de octubre del curso escolar correspondiente (20 de marzo en Australia).

C) Antes del 20 de septiembre del curso escolar correspondiente (20 de marzo enAustralia).

**22. ¿Cuántas horas dedicarán los profesores como mínimo a la impartición de clases, incluidas las sesiones en línea y las presenciales?**

A) Mínimo 20 horas.

B) Mínimo 25 horas.

A) Mínimo 21 horas.

**23. En el plan anual deberán reflejarse de manera breve y concisa los siguientes aspectos:**

A) Las actividades complementarias, extraescolares y de difusión de la lengua y cultura españolas que se prevé realizar a lo largo del curso.

B) Los objetivos y prioridades de la agrupación para el curso.

A) Ambas respuestas son correctas.

**24.** ¿Cuáles son los fines de la reunión que se deberá celebrar en el mes de febrero (julio en Australia)?

**A)** Analizar el grado de cumplimiento de todos los aspectos contenidos en el plan anual.

**B)** Analizar los resultados de las evaluaciones de los alumnos.

**C)** Analizar las actividades complementarias y proponer actividades que impulsen la cultura y lengua española.

**25.** ¿Qué debe incluir el informe del profesor tras la primera reunión con las familias?

**A)** El orden del día de dicha reunión.

**B)** Las propuestas o sugerencias formuladas por los padres.

**C)** Ambas respuestas son correctas.

**26.** Señala que documentación debe estar incluida en el Registro Personal del Alumno.

**A)** Todas las pruebas de las cuatro destrezas realizadas a lo largo del curso.

**B)** Entrevistas con los padres, informes de evaluación.

**C)** Las pruebas orales realizadas al alumno para su adscripción al nivel correspondiente, así como la valoración efectuada por el profesor.

**27.** ¿Qué dos aspectos se evaluarán en el trabajo de los alumnos durante el curso?

**A)** Asistencia, el cumplimiento de las tareas encomendadas y el grado de integración y participación en los trabajos del grupo.

**B)** El grado de consecución de los objetivos señalados.

**C)** Ambas respuestas son correctas.

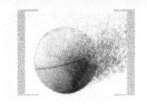

**28.** Al final de cada nivel, el profesor emitirá un informe de cada alumno que contendrá:

**A)** La valoración cualitativa de las habilidades de comprensión y expresión; las conocimientos y actitudes relacionados con la competencia intercultural.

**B)** La valoración cuantitativa de las habilidades de comprensión y expresión; las conocimientos y actitudes relacionados con la competencia intercultural.

**C)** La valoración, cualitativa y cuantitativa, de las habilidades de comprensión y expresión; las conocimientos y actitudes relacionados con la competencia intercultural.

**29.** ¿Qué documento remitirá el profesor a los padres de sus alumnos?

**A)** Informe con información cuantitativa y cualitativa en relación con el rendimiento y progresión.

**B)** El Boletín de notas información cuantitativa en relación con el rendimiento y progresión.

**C)** Informe con información cuantitativa en relación con el rendimiento y progresión

**30.** Los alumnos del último curso que al finalizar el año académico no alcancen los objetivos previstos para el nivel C1, cuántos años pueden permanecer en el mismo nivel:

**A)** Un año más si están escolarizados en un nivel educativo anterior al Bachillerato del sistema escolar reglado de un país extranjero.

**B)** Dos años si están escolarizados en un nivel educativo anterior a la universidad del sistema escolar reglado de un país extranjero.

**C)** Un año si están escolarizados en un nivel educativo anterior a la universidad delsistema escolar reglado de un país extranjero.

**31.** Los alumnos que, al finalizar los cursos correspondientes a los niveles B1 y B2, no hubiesen alcanzado los objetivos del nivel, ¿cuántos años podrán permanecer en ese nivel?

**A)** Un máximo de dos años en total.

**B)** Un máximo de cuatro años en total.

**C)** Un máximo de cinco años en total.

**32.** Si persiste el desacuerdo entre los padres o tutores legales y el profesor sobre la evaluación final, esos ..

**A)** podrán presentar escrito de reclamación a la Consejería de educación.

**B)** podrán presentar escrito de reclamación a la dirección de la Agrupación.

**C)** podrán presentar escrito de reclamación a la Comisión Técnica.

**33.** ¿Cuál es el número máximo de ausencias a clase sin justificar?

**A)** El 25%.

**B)** El 15%.

**C)** El 35%.

**34.** La prueba para comprobar que se hayan alcanzado los objetivos señalados para el nivel C1 tendrá una estructura unificada y será elaborada por...

**A)** El equipo de docentes y los coordinadores de nivel.

**B)** El Instituto Cervantes y la Subdirección General de Cooperación Internacional.

**C)** La Comisión Técnica.

**35.** ¿Quién formará parte de las comisiones evaluadoras que calificarán y supervisarán las pruebas finales?

　**A)** Todo el equipo docente de la agrupación.

　**B)** Tres profesores de la agrupación.

　**C)** Miembros de la Comisión técnica.

**36.** Las pruebas constarán de dos partes, una escrita y otra oral y estarán sometidas al régimen de uniformidad de fecha y hora.

　**A)** Verdadero.

　**B)** Falso.

**37.** ¿Qué se tendrán en cuenta para la calificación de la prueba?

　**A)** Las instrucciones de la Guía para la elaboración, aplicación y corrección de las pruebas finales de las ALCE.

　**B)** Los criterios de evaluación establecido en la planificación curricular.

　**C)** Las Instrucciones recibidas de la Subdirección General de Cooperación Internacional.

**38.** ¿Qué nivel podrán obtener los alumnos al finalizar la escolarización en las ALCE, y que hayan superado la prueba final?

　**A)** B2

　**B)** C1

　**C)** C2

**39.** ¿A qué se debe destinar la última reunión del equipo docente de la agrupación?

　**A)** Cumplimentar adecuadamente la documentación.

　**B)** Elaborar el Plan Anual.

　**A)** Ninguna respuesta es correcta.

**40.** ¿Qué puntos debe incluir la memoria anual de la agrupación?

**A)** Datos sobre la asistencia de los alumnos y análisis.

**B)** Grado de consecución de la programación y dificultades encontradas.

**C)** Ambas respuestas son correctas.

## TEST Resolución de 11 de julio de 2011

**1.** ¿Qué aprueba la presente resolución?

   **A)** Las orientaciones curriculares de las enseñanzas de «Lengua Española y Literatura» y de «Geografía e Historia de España» para los programas de educación en el exterior que, en el marco de sistemas educativos extranjeros, conducen a la obtención de los títulos españoles de Graduado en Educación Secundaria Obligatoria y de Bachiller.

   **B)** Los criterios de evaluación de las enseñanzas de «Lengua Española y Literatura» y de «Geografía e Historia de España» para los programas de educación en el exterior que, en el marco de sistemas educativos extranjeros, conducen a la obtención de los títulos españoles de Graduado en Educación Secundaria Obligatoria y de Bachiller.

   **C)** Las programaciones didácticas de las enseñanzas de «Lengua Española y Literatura» y de «Geografía e Historia de España» para los programas de educación en el exterior que, en el marco de sistemas educativos extranjeros, conducen a la obtención de los títulos españoles de Graduado en Educación Secundaria Obligatoria y de Bachiller.

**2.** ¿Qué competencias básicas se tienen que adquirir en la etapa de Educación Primaria y Educación secundaria obligatoria las enseñanzas de Lengua de lengua española y literatura?

   **A)** Competencia matemática y competencia en el conocimiento y la interacción con el mundo físico.

   **B)** Competencia emprendedora.

   **C)** Competencia sociolingüística.

**3.** La enseñanza de la Lengua Española y Literatura en la etapa de Educación Primaria tendrá como objetivo el desarrollo de las siguientes capacidades

**A)** Hacer uso de conocimientos sobre la lengua española y las normas del uso lingüístico para escribir y hablar de forma adecuada, coherente y correcta, y para comprender textos orales y escritos.

**B)** Aproximarse a obras relevantes de la tradición literaria española.

**C)** Ambas respuestas son correctas

**4.** ¿Qué cuatro bloques encontramos dentro del área de Lengua española y literatura?

**A)** 1. Leer y escribir; 2. Escuchar, hablar y conversar; 3. Educación literaria, 4. Cultura española.

**B)** 1. Leer y escribir; 2. Escuchar, hablar y conversar; 3. Conocimientos sintácticos-discursivos. 4. Conocimiento de la lengua.

**C)** 1. Leer y escribir; 2. Escuchar, hablar y conversar; 3. Educación literaria. 4. Conocimiento de la lengua.

**5.** Comprender textos literarios utilizando conocimientos básicos sobre las convenciones de cada género, los temas y motivos de la tradición literaria y los recursos estilísticos, es uno de los objetivos ¿de qué etapa educativa?

**A)** Bachillerato.

**B)** Educación Secundaria obligatoria.

**C)** Educación primaria.

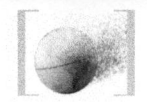

**6.** La variedad de los discursos y el tratamiento de la información es un bloque de contenido ¿de qué etapa educativa?

A) Bachillerato.

B) Educación Secundaria obligatoria.

C) Educación primaria.

**7.** Se utilizará un enfoque interdisciplinar entre la Lengua Española y Literatura y las demás enseñanzas impartidas en español, en los siguientes aspectos:

A) Integración de metodologías AICLE.

B) Integración del aprendizaje.

C) Integración de sistemas de enseñanza online (e-learning).

**8.** Geografía e Historia de España impulsará la adquisición ¿de qué competencias?

A) Competencia emprendedora.

B) Competencia matemática.

C) Competencia lingüístico-cultural.

**9.** En educación secundaria obligatoria el área de Geografía de España incluirá el bloque de contenidos:

A) La constitución española.

B) La industria en España.

C) La población española.

**10.** El área de Historia de España incluye el bloque de contenido:

A) La Edad Postmoderna en la península Ibérica.

B) La prehistoria en la península Ibérica.

C) La Edad Media en la península Ibérica.

**11.** ¿En qué etapa se establece el bloque de contenido "el patrimonio artístico español"?

**A)** Bachillerato.

**B)** Educación secundaria obligatoria.

**C)** Educación Primaria.

## SUPUESTO PRÁCTICO

ESTRUCTURA DEL SUPUESTO PRÁCTICO.

Nuestra propuesta de guía para los supuestos prácticos es la siguiente:

1. Introducción y justificación.
2. Contextualización.
3. Fundamentación legislativa.
4. Fundamentación teórica.
5. Propuesta pedagógica

    5.1. Objetivos

    5.2. Competencias

    5.3. Contenidos

    5.4. Metodología (recursos materiales y personales, actuaciones, actividades, atención a la diversidad, etc.).

    5.5. Evaluación.
6. Conclusiones.
7. Bibliografía.

## 1. INTRODUCCIÓN Y JUSTIFICACIÓN.

Este primer punto, debería ser algo muy general que nos permita utilizarlo en todo tipo de supuestos, por ejemplo:

> **"La Acción Educativa en el Exterior (AEE) del Ministerio de Educación y Formación Profesional (MEFP) tiene como principal objetivo difundir la educación, lengua y cultura españolas más allá de nuestras fronteras. No cabe duda que en una sociedad globalizada, del conocimiento y liquida, se hace cada vez más necesario una educación pluricultural, inclusiva y funcional y la acción educativa en exterior es una vía que abre las puertas de cualquier ciudadano del mundo a nuestra lengua y cultura".**

Desde esta introducción tan general, podemos concretar las ideas, relacionándolas con la temática del supuesto práctico.

Por ejemplo:

> El supuesto práctico de 2019 se basaba en conceptos como "la convivencia entre alumnos, cooperación con las familias, dificultades de comprensión y expresión oral y actualización metodológica de los docentes ".

En este tipo de supuestos se podría utilizar una **justificación** del tipo:

> **"La promoción de la lengua y la cultura españolas en sus distintos centros y programas debe adaptarse a los constantes cambios de la sociedad y sólo una enseñanza de calidad, inclusiva, y rigurosa asegura el desarrollo integral de los alumnos.**

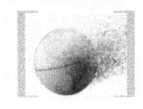

El éxito de esta transformación social en la que estamos inmersos depende de la educación, en la que todos los miembros están involucrados: administración, familias, docentes.

Para establecer el equilibrio y la fortaleza de las relaciones entre los tres pilares de la escuela (familia, alumno, escuela), se necesitan canales de comunicación eficaces. Las familias son las principales responsables de la educación de sus hijos y, por tanto, el sistema educativo debe apoyarse en la familia y confiar en sus decisiones.

Según las conclusiones del XXIII Encuentro de Consejos Escolares Autonómicos y del Estado , la implicación de las familias en la educación escolar de los hijos se ha revelado como uno de los cinco factores que más impacto tienen sobre los resultados académicos y como una variable especialmente relevante a la hora de explicar otros aspectos relacionados con la educación.

Pero no cabe duda que más allá de las relaciones familia-escuela, hay otros factores que afectan al éxito del proceso de enseñanza aprendizaje y la metodología utilizada en el aula cobra un papel fundamental en este aspecto. Por ello es necesario propiciar las condiciones que permitan el oportuno cambio metodológico, de forma que el alumnado sea un elemento activo en el proceso de aprendizaje...".

Para elaborar la justificación del supuesto práctico recomendamos buscar las palabras claves del enunciado y construir una sencilla redacción.

Os recomendamos utilizar el preámbulo de la actual ley educativa LOMLOE o LOE como medio para justificar vuestro supuesto práctico ya que allí encontrareis la justificación para temas relacionados con la convivencia, metodologías activas, uso de la tecnología, competencias, etc.

Aquí van algunos ejemplos de las posibles justificaciones que podéis utilizar teniendo en cuenta el preámbulo de la LOMLOE:

> "La ciudadanía reclama un sistema educativo moderno, más abierto, menos rígido, multilingüe y cosmopolita que desarrolle todo el potencial y talento de nuestra juventud, planteamientos que son ampliamente compartidos por la comunidad educativa y por la sociedad española. " (LOMLOE, p. 122872 )

> "La inclusión educativa y la aplicación de los principios del Diseño universal de aprendizaje, es decir, la necesidad de proporcionar al alumnado múltiples medios de representación, de acción y expresión y de formas de implicación en la información que se le presenta, son algunos principios y fines de la educación dentro del sistema educativo español. "(LOMLOE, p. 122873)

> "Dentro del marco legislativo se establece que la comprensión lectora, la expresión oral y escrita, la creación artística, la comunicación audiovisual, la competencia digital, el fomento de la creatividad y del espíritu científico se trabajarán en todas las áreas de educación

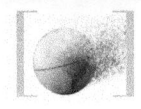

primaria. De igual modo, se trabajarán la educación para el consumo responsable y el desarrollo sostenible, la educación para la salud, incluida la afectivo sexual. Asimismo, se pondrá especial atención a la educación emocional y en valores, entre los que se incluye la igualdad entre hombres y mujeres como pilar de la democracia" (LOMLOE, p. 122873).

LOE, también nos ofrece alguna justificación general de cualquier supuesto, en su preámbulo:

"Para la sociedad, la educación es el medio de transmitir y, al mismo tiempo, de renovar la cultura y el acervo de conocimientos y valores que la sustentan, de extraer las máximas posibilidades de sus fuentes de riqueza, de fomentar la convivencia democrática y el respeto a las diferencias individuales, de promover la solidaridad y evitar la discriminación, con el objetivo fundamental de lograr la necesaria cohesión social". (LOE, p. 17158).

"Entre los fines de la educación se resaltan el pleno desarrollo de la personalidad y de las capacidades afectivas del alumnado, la formación en el respeto de los derechos y libertades fundamentales y de la igualdad efectiva de oportunidades entre hombres y mujeres, el reconocimiento de la diversidad afectivo-sexual, así como la valoración crítica de las desigualdades, que permita superar los comportamientos sexistas".(LOE, p. 17162)

También podemos utilizar también algunos principios del Diseño universal del aprendizaje, como justificación del supuesto.

"La diversidad que presentan los estudiantes en cuanto a estructura y configuración cerebral se traduce en una gran variabilidad respecto a la manera que tienen de acceder y procesar la información, al modo en que planifican, ejecutan y monitorizan diferentes tareas, y a la forma en que se motivan e implican en su propio aprendizaje. Por tanto, el currículo y , en este caso, nuestro plan pedagógico, debe estar diseñado universalmente, para que contemple la singularidad de cada alumno y haga posible el éxito educativo a todos. Por otro lado, la flexibilidad inherente a los medios digitales posibilita llevar a la práctica esta personalización del currículo. Las nuevas tecnologías son esenciales para la aplicación del diseño universal del aprendizaje".

Una vez realizada una pequeña introducción y justificación consideramos **importante presentar todos los puntos que vais a desarrollar en vuestro supuesto.** Quizás os sirva de ayuda una breve presentación de los contenidos, de la siguiente manera:

"**Teniendo presente la idea de una educación equitativa, cumplidora de los derechos de la infancia, la aplicación eficaz del Diseño Universal del Aprendizaje, la inclusión y el desarrollo integral del alumnado, a lo largo de este supuesto vamos, en primer lugar, destacar el contexto social, cultural y económico de nuestro centro o programa, matizando las características y las señas de identidad más relevantes. Posteriormente vamos a fundamentar nuestro supuesto práctico en la legislación vigente, subrayando aquellos artículos que estén estrechamente relacionados con el tema tratado. Para esta-**

blecer la fundamentación teórica vamos a remarcar aquellas teorías, investigaciones, autores que han elaborado contenidos vinculados a nuestro supuesto. Teniendo presente todos esos datos vamos a diseñar nuestra propuesta pedagógica, plan o tareas, que el supuesto nos exige, recalcando los objetivos, los contenidos, la metodología y la evaluación del mismo. Para concluir resumiremos las ideas principales de nuestro supuesto y subrayaremos aquella bibliografía en la cual hemos fundamentado nuestro trabajo ".

## 2. CONTEXTUALIZACIÓN.

Este punto del supuesto implica conocer muchos, por no decir todos, los centros y programas que integran la acción educativa en exterior y os recomendamos estudiar detalladamente, por lo menos, el centro o programa, que habéis elegido en primera opción.

Consideramos importante mencionar algunos rasgos significantes del centro o programa, subrayando características de su proyecto educativo que serán relevantes para el supuesto práctico.

En las páginas webs de casi todos los centros de la AEE encontrareis toda la información necesaria para desarrollar el contexto del centro.

Por ejemplo:

"El Instituto español Vicente Cañada Blanch, recibe su nombre del empresario español Vicente Cañada Blanch quien, a principios de los años setenta, hizo una importante donación económica para la fundación de un colegio español en Londres que atendiera a la educación de los hijos de los emigrantes españoles en el Reino Unido. En 1972, el colegio se fundó en Greenwich, a las afueras de Londres, y desde 1982 está establecido en Portobello Road, en el centro de la ciudad.

El colegio pertenece al Ministerio de Educación de España y es gestionado por este, de acuerdo con la legislación correspondiente a los centros educativos en el exterior. El centro depende de la Consejería de Educación de la Embajada Española en Londres.

El centro desarrolla los siguientes proyectos: Plan Lingüístico; Plan Lector: Huerto Escolar; Plan de convivencia: Proyecto fomento de la salud y el deporte; Semana de las ciencias y Proyecto TIC.

Todos los proyectos que se desarrollan en el centro pretenden ofrecer una enseñanza de calidad, promoviendo al lengua y cultura española".

### 3. FUNDAMENTACIÓN LEGISLATIVA.

En cuanto a la fundamentación legislativa consideramos que es necesario dividirla en dos partes: la legislación general de la AEE y la específica, dependiendo del tipo de centro o programa.

Para el desarrollo del presente supuesto práctico tendremos en cuenta la siguiente **legislación general**:

- ☐ Real Decreto 1027/1993, de 25 de junio, por el que se regula la acción educativa en el exterior que en su artículo 6, establece el objetivo principal de la AEE: "la promoción y difusión de la lengua y cultura españolas".
- ☐ El Real Decreto 1138/2002, de 31 de octubre, que regula la administración del Ministerio de Educación, Cultura y Deporte en el exterior.
- ☐ Orden ECD/65/2015, de 21 de enero, por la que se describen las relaciones entre las competencias, los contenidos y los criterios de evaluación de la educación primaria, la educación secundaria obligatoria y el bachillerato.
- ☐ Ley Orgánica 3/2020, de 29 de diciembre, por la que se modifica la Ley Orgánica 2/2006, de 3 de mayo, de Educación (LOMLOE).
- ☐ Ley Orgánica 2/2006, de 3 de mayo, de Educación.
- ☐ Real Decreto 126/2014, de 28 de febrero, por el que se establece el currículo básico de la Educación Primaria.
- ☐ Real Decreto 157/2022, de 1 de marzo, por el que se establecen la ordenación y las enseñanzas mínimas de la Educación Primaria( aunque no se aplicará hasta el próximo curso escolar2022-2023).
- ☐ Real Decreto 1105/2014, de 26 de diciembre, por el que se establece el currículo básico de la Educación Secundaria Obligatoria y del Bachillerato.
- ☐ Real Decreto 243/2022, de 5 de abril, por el que se establecen la ordenación y las enseñanzas mínimas del

Bachillerato.( aunque no se aplicará hasta el próximo curso escolar2022-2023).

**Legislación específica** del centro o programa que se especifica en el supuesto práctico (aquí debéis tener en cuenta a qué tipo de centro o programa va dirigido y mencionar la base legal del mismo).

Por ejemplo, si va dirigido a un centro de titularidad del estado español, tendremos en cuenta:

- ☐ Las Instrucciones del 24 de mayo de 2006 que regulan la organización y funcionamiento de los centros del estado español.

- ☐ RD 1027/1993, de 25 de junio. Capítulo II, Sección 1ª, Artículos 8 a 20: Centros docentes de titularidad del estado español.

- ☐ Resolución de 4 de agosto de 2015 de la Secretaría de Estado de Educación, Formación Profesional y Universidades, por la que se establecen los criterios y los procedimientos para la elaboración y aprobación de la oferta formativa de Educación Secundaria Obligatoria y de Bachillerato de los centros de titularidad del Estado español en el exterior, y se regulan determinados aspectos organizativos.

- ☐ Resolución de 11 de marzo de 2015, de la Secretaría de Estado de Educación, Formación Profesional y Universidades, por la que se regula la evaluación individualizada del alumnado en tercer curso de Educación Primaria en las ciudades de Ceuta y Melilla y en los centros docentes en el exterior para el curso 2014/2015.

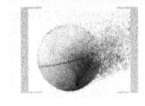

☐ Resolución de 30 de mayo de 2014 de la Secretaría de Estado de Educación, Formación Profesional y Universidades, por la que se establecen los criterios y los procedimientos para la elaboración y aprobación de la oferta formativa de los centros docentes españoles en el exterior.

## 4. FUNDAMENTACIÓN TEÓRICA.

Pero como cualquier trabajo que se precie, se necesita una fundamentación teórica.

Para desarrollar este punto os recomendamos utilizar conceptos o los estudios o teorías de autores como:

☐ Teorías conductivistas: dentro de este enfoque destacan Burrhus Frederic Skinner, Edward Thorndike, Edward C. Tolman o John B. Watson.

☐ Teorías constructivistas de Jean Piaget y Jerome Bruner.

☐ Teoría del aprendizaje significativo de Ausubel.

☐ Teoría del Aprendizaje Social de Albert Bandura y Lev Vigotsky.

☐ Teoría de la inteligencia múltiple de Howard Gardner.

☐ Teoría de la inteligencia emocional de Daniel Goleman.

Para mostrar vuestros conocimientos sobre educación os recomendamos nuevas teorías que han emergido en la la sociedad actual:

- ☐ Teoría del conectivismo de Stephen Downes y George Siemens, una teoría del aprendizaje en la era digital.
- ☐ Teorías e investigaciones sobre el "Aprendizaje y habilidades del sigo XXI". ( recomendamos leer los Informes de UNESCO "Replantear la educación" o el "Informe DELORS").
- ☐ Teorías del "Diseños Universal del Aprendizaje".
- ☐ Teorías de la neurociencia: Francisco Mora, Belén Piñeiro, Anna Fores, Jurgen Klaric, María Caballero, etc.

## 5. PROPUESTA PEDAGÓGICA.

Este punto del supuesto es uno de lo más importante ya que es aquí donde se reflejarán vuestras competencias pedagógicas, creatividad y habilidades para desarrollar un proyecto, plan o actividades que conduzcan a un proceso de enseñanza aprendizaje efectivo, eficiente y basado en los tres principios de la nueva legislación:

"Entre los principios y los fines de la educación, se incluye el cumplimiento efectivo de los derechos de la infancia, establecido en la Convención sobre los Derechos del Niño de Naciones Unidas, la inclusión educativa y la aplicación de los principios del Diseño universal de aprendizaje, es decir, la necesidad de proporcionar al alumnado múltiples medios de representación, de acción y expresión y de formas de implicación en la información que se le presenta."(LOMLOE, pág. 122873).

## 5.1. Objetivos

Los objetivos de vuestro supuesto práctico deben estar estrechamente relacionados con el currículo y por ello es, casi obligatorio, estudiar los objetivos y fines de la educación según la legislación vigente.

Para establecer los objetivos de vuestro supuesto os recomendamos utilizar los enunciados establecidos en los Reales decretos y adaptarlos a vuestro supuesto. Por ejemplo si el supuesto trata sobre la convivencia podemos utilizar el objetivo k) del artículo 1, de la LOMLOE:

> "k) La educación para la convivencia, el respeto, la prevención de conflictos y la resolución pacífica de los mismos, así como para la no violencia en todos los ámbitos de la vida personal, familiar y social, y en especial en el del acoso escolar y ciberacoso con el fin de ayudar al alumnado a reconocer toda forma de maltrato, abuso sexual, violencia o discriminación y reaccionar frente a ella."

## 5.2. Competencias

En una programación didáctica, plan educativo o cualquier actividad docente no pueden faltar nunca las competencias. Y sin duda, la Orden ECD/65/2015, de 21 de enero, por la que se describen las relaciones entre las competencias, los contenidos y los criterios de evaluación de la educación primaria, la educación secundaria obligatoria y el bachillerato, nos ofrece todo lo necesario para desarrollar esta parte del supuesto.

El artículo de la mencionada Orden establece las competencias clave en el Sistema Educativo Español. A efectos de esta orden, las competencias clave del currículo son las siguientes:

a) Comunicación lingüística.

b) Competencia matemática y competencias básicas en ciencia y tecnología.

c) Competencia digital.

d) Aprender a aprender.

e) Competencias sociales y cívicas.

f) Sentido de iniciativa y espíritu emprendedor.

g) Conciencia y expresiones culturales.

Os recomendamos desarrollar el máximo de competencias dentro del supuesto y **cómo mínimo la competencia lingüística, social y cívica, la digital y la competencia de la conciencia y expresiones culturales.**

En el artículo 6, de la misma Orden, encontramos estrategias metodológicas para trabajar por competencias en el aula. En el anexo II se indican algunas orientaciones para facilitar el desarrollo de estrategias metodológicas que permitan trabajar por competencias en el aula.

### 5.3. Contenidos

Para la elaboración de esta parte y más cuando se trata de temas relacionados con la promoción de la lengua y cultura española recomendamos echar un vistazo a las unidades didácticas del Instituto Cervantes **(pincha en cada figura y accederás a la web de recursos):**

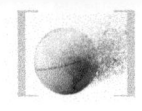

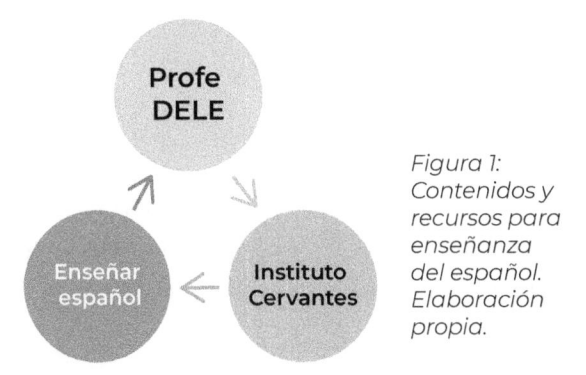

**175 | Docentes en el exterior** ¡al alcance de tus manos!

*Figura 1: Contenidos y recursos para enseñanza del español. Elaboración propia.*

Os recomendamos tener muy presente **los bloques de contenidos** establecidos en la legislación para desarrollar este apartado.

### 5.4 Metodología (recursos materiales y personales, actuaciones, actividades, atención a la diversidad, TIC, etc.).

La metodología es, quizás, el aparatado que más va a reflejar vuestras competencias docentes y vuestras ideas pedagógicas.

Podemos comenzar este apartado mencionando que:

> "A lo largo de nuestro plan o propuesta utilizaremos metodologías activas y contextualizadas que faciliten la participación e implicación del alumnado y la adquisición y uso de conocimientos en situaciones reales, serán las que generen aprendizajes más transferibles y duraderos. Estas metodologías activas se basarán en el aprendizaje cooperativo, de forma que, a través de la resolución conjunta de las tareas, los miembros del grupo conozcan las estrategias utilizadas por sus compañeros y puedan aplicarlas a situaciones similares."

Os recomendamos actualizar vuestros conocimientos sobre metodologías activas y que baséis vuestro supuesto práctico en ABN, ABP, Flipped Classroom, Método del Caso, El aprendizaje Cooperativo, Gamificación, Visual Thinking, etc.

Os dejamos varios enlaces a todos estos métodos que consideramos de gran utilidad para un caso práctico **(pincha en cada figura y accederás a la web de recursos):**

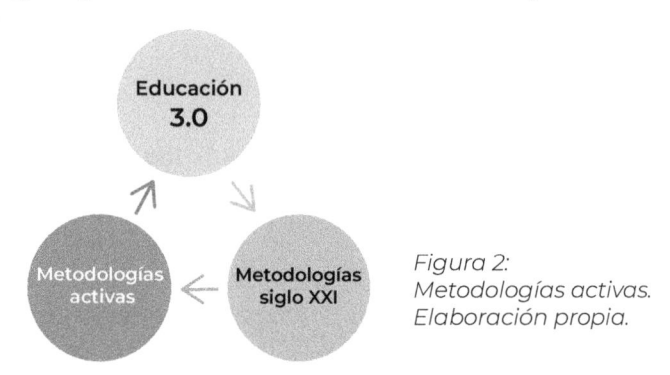

*Figura 2: Metodologías activas. Elaboración propia.*

En la sociedad actual no hay una programación didáctica o actividad docente que se precie que no incluya **la tecnología** como medio para un proceso de enseñanza aprendizaje adaptado a las diferentes características del alumnado (concepto del Diseño Universal del Aprendizaje).

También os recomendamos recopilar información y las mejores **herramientas digitales** en las siguientes webs que contienen **Recursos Educativos en Abierto (REA) (pincha en cada figura y accederás a la web de recursos):**

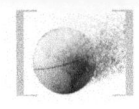

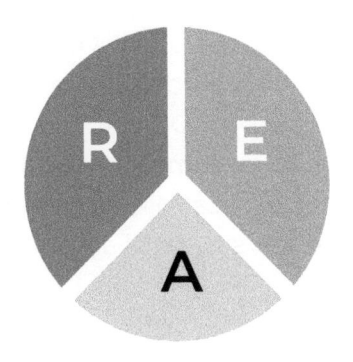

*Figura 3: Recursos educativos en abierto. Elaboración propia.*

En este apartado, quizás, os resulte más sencillo elaborar una tabla con los aspectos más relevantes y más cuando se trate de un proyecto o plan :

**ESTRATEGIAS DE ACTUACIÓN**
*Se acordarán las actuaciones necesarias para alcanzar los objetivos que el centro se haya propuesto.*

**OBJETIVO 1. Mejorar "Convivencia escolar"**

| ACCIÓN | RESPONSABLE | RECURSOS | TEMPORALIZACIÓN |
|---|---|---|---|
| 1. Selección del Coordinador del Bienestar. | Claustro de profesores Consejo escolar | Reunión inicio de curso. | Antes de inicio de curso. |
| 2. Creación del grupo de coordinación de la Comisión de Convivencia. | Claustro de profesores Consejo escolar | Plan de Convivencia del Centro. | Inicio de curso. |
| 3. Creación del "mediador del patio". | Equipos de nivel, tutores. | Cuaderno del mediador del patio. | Todo el curso. |
| 4. "Emocionario" | Todos los docentes del centro | Plataforma "Educar para ser o Educación entre iguales" | Trimestral |

Si el supuesto práctico propone el diseño de actividades podéis utilizar la misma plantilla, pero no olvidéis que en recursos hay que introducir HERRAMIENTAS DIGITALES, ya que el nuevo **Marco de Referencia de la competencia digital docente**, subraya la importancia del desarrollo de la competencia digital no sólo en los docentes sino en el alumnado.

### 5.5. Evaluación

**Todo proyecto precisa de una evaluación, entendida como un proceso de valoración de todos los elementos que intervienen en el proyecto con el fin de determinar la viabilidad, eficacia y calcular los posibles riesgos y determinar posibles soluciones, respuestas.**

**Es una fase fundamental en el diseño de cualquier proyecto, sea en formato de una unidad didáctica, de un plan educativo o de una programación didáctica.**

Dicha evaluación nos permitirá un seguimiento y control continuo que nos aporta información sobre la evolución del proyecto según lo planeado, así como detectar las posibles amenazas que afecten la consecución de los objetivos.

Para realizar las evaluaciones nos podemos basar en dos modelos:

- **Evaluaciones cuantitativos que se basan en datos medibles y cuantificables** que son recogidos y analizados mediante la estadística. Son muy estructurados, extremadamente objetivos, y se usan para cuantificar un fenómeno. Se orienta a los resultados. Entre los instrumentos que se pueden utilizar para realizar una evaluación cuantitativa podemos incluir las pruebas objetivas: test, escalas de valor numérico, exámenes, rúbricas etc.). Os dejo un enlace a un mapa conceptual sobre la evaluación continua realizada en MINDOMO.

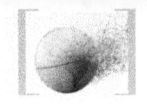

- **Las evaluaciones cualitativas son técnicas descriptivas que se basa en datos narrativos.** Este tipo de evaluación permite un análisis más para describir un fenómeno y se orienta a los procesos. Algunos instrumentos para llevar a cabo una evaluación cualitativa serían: registro descriptivo, registro anecdótico, lista de cotejo o lista de control, escala de estimación, guía de observación, portafolios, autoevaluación, coevaluación, exposiciones orales, guía de evaluación de proyectos.

En general, en la evaluación de proyecto se utilizan muchos indicadores que pueden ser de tres tipos:

☐ **Indicadores de diagnóstico**: son indicadores que permiten comparar la situación real del proyecto con el diseño inicial del mismo para detectar desviaciones. Esto se hará al inicio de cualquier proyecto. En el caso de un proyecto educativo de promoción de la lengua y cultura españolas, deberíamos comenzar este proyecto realizando un estudio cualitativo o cuantitativo de la situación actual de las aulas, colegios y escuelas, personas implicadas, etc.

☐ **Indicadores Retrospectivos**: estamos hablando de indicadores que recogen información de lo que se ha logrado desde el inicio del proyecto hasta el fin del proyecto. Se tendrán en cuenta para realizar una evaluación sumativa, a lo largo de todo el proyecto o plan diseñado.

☐ **Indicadores Predictivos**: nos referimos a aquellos que, teniendo en cuenta la situación actual del proyecto y sus datos de desarrollo, sirven para predecir posibles problemas.

## 6. CONCLUSIONES.

En este apartado del supuesto práctico os recomendamos realizar un resumen de todos los puntos tratados anteriormente:

**"A lo largo de nuestro supuesto práctico hemos elaborado una justificación del proyecto o el plan o la unidad didáctica; hemos subrayado las características del contexto escolar donde se va a desarrollar nuestro proyecto; hemos establecido una base legislativa para el desarrollo del mismo, así como una base teórica fundamentada en varias investigaciones y datos científicos. Posteriormente hemos elaborado lo sugerido en el supuesto práctico destacando los objetivos, contenidos, metodologías activas y haciendo hincapié en la importancia del uso de la tecnología en las aulas.**

**Detrás de este supuesto práctico yace una fundamentación legislativa y teórica que se reflejará en los objetivos propuestos, en los contenidos establecidos en función de las características del colegio y del alumnado, en las metodologías seleccionadas, así como en la evaluación establecida en su doble vertiente: cuantitativa y cualitativa.**

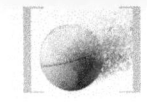

Para concluir nos gustaría recalcar que "un maestro es una brújula que activa los imanes de la curiosidad, conocimiento y sabiduría en sus pupilos" Ever Garrison y con este proyecto, plan….pretendemos no sólo promover la lengua y cultura española sino dar una educación de calidad al alumnado. Una educación basada en una metodología activa donde el alumnado se convierte en protagonista y donde las estrategias, principios metodológicos se adaptan a la sociedad digital actual.

## 7. BIBLIOGRAFÍA.

LO 8/1985, de 3 de julio. Reguladora del derecho a la educación. Artículo 12.1: "los centros docentes españoles en el extranjero tendrán una estructura y un régimen singularizados, a fin de acomodarlos a las exigencias del medio y a lo que, en su caso, dispongan los convenios internacionales".

RD 1027/1993, de 25 e junio, por el que se regula la acción educativa en el exterior.

RD 1138/2002, de 31 de octubre, por el que se regula la Administración del Ministerio de Educación, Cultura y Deporte en el exterior.

Real Decreto 95/2022, de 1 de febrero, por el que se establece la ordenación y las enseñanzas mínimas de la Educación Infantil.

https://www.educaciontrespuntocero.com/recursos/metodologias-activas-en-el-aula-cual-escoger/

https://www.educa.jcyl.es/profesorado/es/formacion-profesorado/proyectos-relacionados-formacion-permanente-profesorado/inclusion-cambio-metodologico/documentacion/fichas-resumen-metodologias-activas

https://www.realinfluencers.es/2018/09/09/8-metodologias-profesor-siglo-xxi-deberia-conocer/

https://www.educaciontrespuntocero.com/recursos/recursos-educativos-abiertos-rea-gratis-para-todos/

https://cedec.intef.es/los-6-mejores-espacios-de-recursos-educativos-abiertos-y-una-red/

https://www.ailmadrid.com/es/recursos-linguisticos/recursos-ele

https://todoele.net/ele-en-red-contenido/actividades

https://www.mindomo.com/es/mindmap/tecnicas-e-instrumentos-de-evaluacion-cuantitativa-4-a896958a8474e649862bde7a2b599c5

https://www.profedeele.es/

https://cvc.cervantes.es/ensenanza/quijote_aula/default.htm

https://cvc.cervantes.es/portada.htm

https://cvc.cervantes.es/ensenanza/actividades_ave/aveteca.htm

## RESPUESTAS TESTS

## TESTS: ACCIÓN EDUCATIVA ESPAÑOLA EN EXTERIOR: CENTROS Y PROGRAMAS AEE

### TEST RD1027/1993

1B - 2A - 3A - 4C - 5A - 6C - 7C - 8B - 9A - 10B - 11C - 12B - 13C - 14B - 15C - 16B - 17C - 18B - 19B - 20A - 21B - 22C - 23C - 24B - 25B - 26A

### TEST RD 1138/2002

1A–2B - 3A - 4B - 5C - 6B - 7C - 8C - 9B - 10A - 11C - 12A - 13B - 14A - 15C - 16A - 17A - 18B - 19C - 20C - 21A - 22C - 23C - 24C - 25A - 26B

### Test Ley orgánica 2/2006, de 3 de junio de Educación

1D - 2B - 3D - 4C - 5B - 6D - 7C - 8B - 9A - 10A - 11B - 12C - 13C - 14D - 15D - 16A - 17B - 18A - 19D - 20A - 21B - 22D - 23D - 24D - 25B - 26A - 27B - 28C - 29C - 30A - 31B - 32C - 33 A - 34B - 35B - 36C - 37A - 38C - 39A - 40B - 41C - 42C - 43A

### TEST LOMLOE

1A - 2B - 3C - 4B - 5C - 6B - 7A - 8B - 9C - 10C - 11B - 12B - 13A - 14C - 15A - 16C - 17B - 18B - 19A - 20C - 21A - 22B - 23C - 24B - 25C

### TEST RD984/2021

1B - 2A - 3B - 4C - 5A - 6B - 7C - 8A - 9B - 10A - 11C - 12C - 13A - 14C - 15B - 16A - 17B - 18A - 19C - 20B - 21A - 22C - 23B - 24B - 25ª

### TEST RD95/2022

1B - 2A - 3A - 4C - 5B - 6B - 7A - 8C - 9B - 10A - 11A - 12B - 13C - 14C - 15A - 16 - B - 17 - 18B - 19C - 20A

## TEST Real Decreto 498/2020 organización MEFP
1A - 2A - 3C - 4A - 5B - 6B - 7C - 8C - 9B - 10B - 11B - 12C

## TEST Instrucciones 24 de mayo 2005
1B - 2C - 3B - 4C - 5A - 6B - 7B - 8A - 9B - 10C - 11C - 12B - 13B - 14C - 15C - 16A - 17A - 18A - 19B - 20B - 21B - 22C - 23B - 24B - 25A - 26C - 27A - 28C - 29B - 30C - 31C - 32B - 33A - 34B - 35C - 36C - 37B - 38B - 39A - 40A - 41B - 42C - 43A - 44C—45B - 46A - 47B - 48A - 49B - 50C - 51B - 52B - 53A - 54B - 55C - 56C - 57B - 58A - 59A - 60B - 61B - 62B - 63A - 64A - 65C - 66B - 67B - 68A - 69B - 70A - 71A - 72B - 73B - 74A - 75C - 76C - 77A

## Test Resolución 2019 y Orden 3122/2010 ALCE
1B - 2B - 3A - 4C - 5C - 6C - 7A - 8A - 9C - 10B - 11B - 12A - 13B - 14A - 15B - 16C - 17A - 18A - 19A - 20A - 21C - 22B - 23B - 24B - 25A - 26B - 27B - 28B - 29B - 30C - 31B - 32B - 33A - 34A - 35B - 36A - 37C - 38B - 39A - 40A - 41A - 42C - 43B - 44B - 45B - 46B - 47A - 48C - 49C - 50A - 51B - 52B - 53C - 54B - 55B - 56C - 57B - 58C - 59A - 60B - 61A - 62A - 63C - 64A - 65B

## TEST INSTRUCCIONES 18 OCTUBRE 2010
1C - 2A - 3A - 4A - 5B - 6C - 7C - 8A - 9B - 10C - 11B - 12A - 13B - 14A - 15A - 16C - 17C - 18A - 19B - 20A - 21A - 22B - 23B - 24A - 25C

## TEST - ACUERDO MARCO de 16 de mayo de 2005.
1C - 2A - 3B - 4A - 5C

## TEST - Real Decreto 102/2010
1C - 2A - 3C - 4B - 5A - 6C - 7A - 8A - 9B - 10C

## TEST RD264/2008
1B - 2C - 3B - 4A - 5A - 6C - 7B - 8A - 9C - 10C

## TEST RD1137/2002

1B - 2C - 3C - 4C - 5A

## TEST - Orden EDU/2503/2010

1C - 2A - 3B - 4C - 5A - 6B - 7B - 8A - 9C - 10A - 11C

## TEST - Resolución de 11 de julio de 2011

1A - 2A - 3C - 4C - 5B - 6A - 7B - 8B - 9C - 10C - 11A

## TEST - RESOLUCIÓN 20 DE JUNIO 2011

1A - 2C - 3B - 4B - 5C - 6A - 7B - 8A - 9A - 10C - 11C - 12B - 13A - 14A - 15C - 16B - 17C - 18A - 19B - 20A - 21B - 22C - 23C - 24A - 25C - 26B - 27C - 28A - 29A - 30C - 31B - 32B - 33A - 34C - 35B - 36B - 37A - 38B - 39A - 40C

## TEST - CENTROS DE TITULARIDAD MIXTA

1A - 2B - 3B - 5C - 5A - 6A - 7B - 8B

## TEST Orden EDU/1720/2011

1C - 2A - 3C

## TEST ESCUELAS EUROPEAS LEGISLACIÓN

1B - 2A - 3B - 4C - 5C - 6A - 7A - 8B - 9C - 10B - 11C - 12A - 13A - 14C - 15C - 16B - 17B - 18A - 19C - 20C

## TEST INSTITUTO CERVANTES Y DELE

1B - 2A - 3A - 4C - 5C - 6B - 7A - 8B - 9A - 10C - 11B - 12A - 13B - 14C - 15C - 16B - 17A - 18B - 19C - 20B - 21A - 22B - 23C - 24B - 25A - 26C - 27B - 28B - 29C - 30A

## TEST SECCIONES BILINGÜES

1C - 2A - 3B - 4B - 5A - 6C